道具なしで
始められる

かわいい和菓子

ユイミコ

講談社

目次

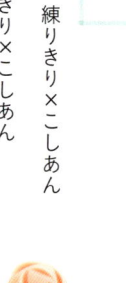

4章 冬の和菓子

5章 おもたせの和菓子

【この本の使い方】

・分量はすべて一度に作りやすい分量です。ただし一部、生地やあんができ上がり量より多めにできる場合があります。
・卵はMサイズを使用しています。
・小さじ1は5㎖、この本では液体も重量で表記しています。
・電子レンジは６００Wのものを使用しています。
・電子レンジとオーブンは機種によって違いがあるので、加熱時間は目安にしてください。

はじめに

和菓子が好きで、白玉だんごやおはぎなどを作ったことのある方もいらっしゃると思います。それでもやはり、洋菓子ほどうちで作るイメージが湧《わ》かないせいか、作り方の見当がつかないからか、和菓子は難しい！　と思われがちです。

でも和菓子作りはコツさえつかめば、実はそんなに難しくないんです。形のバランスを取るコツはありますが、ちょっとぶかっこうでも手作りの味。色も形も、人それぞれでよいのです。和菓子のモチーフとなる草花に自然の色や形があるように、自由に楽しみましょう。

ベーシックであること。
スタンダードで美しいもの。
ユイミコが日々作る和菓子は、伝統的で基本的なものをベースにし、ほんの少しユイミコの好きなカラーを加えて、今の時代に無理なくなじむものにしています。

この本では、あんは市販品を使っています。その他の材料も、スーパーや製菓材料店に行けば数百円で手に入ります。道具も、キッチンにあるものでほとんどまかなえます。

和菓子のある暮らしが普通で、季節を感じたり、姿を愛《め》でるひとときが心をほんの少し豊かにしてくれたり。そんな日常がもっともっと当たり前になるよう願い、教室で教えるようにこの本を作りました。

和菓子ってかわいいな、作ってみようかな……そんなふうに、和菓子をちょっと身近に感じていただけたら嬉《うれ》しいです。

コラム 1

和菓子を作るとき、注意したいこと

ぬれぶきんを準備して

和菓子は、手で仕上げるものがたくさんあります。手に生地や粉がついたままにしないで。固く絞ったぬれぶきんで手や道具をふきながら、作業しましょう。ちょっと神経質かなと思うくらい、こまめにふいてください。

生地やあんは乾燥させない

和菓子の大敵は乾燥です。作業中は生地もあんも乾燥しないように、ラップをかけておきましょう。あんを丸めたり包んだりする作業も、乾燥しないようにできるだけ手早く進めてください。

コラム 2

あんの固さの調整

この本ではどら焼き（P.82）以外、市販のあんを使用しています。それに、ごまやあんずなどを混ぜたアレンジあんもあります。生地によっては、水分が多いと扱いにくい場合も。そのときは、電子レンジにかけて水分をとばしてください。

耐熱ボウルにあんを入れ、あんに直接キッチンペーパーをかぶせます。

電子レンジにかけ（あん200gで1分30秒ほど）、あんの水分がとんで少し白っぽくなればOK。

すぐにゴムべらで混ぜて、さらに水分をとばしながらなめらかにします。

1章

春の和菓子

春を呼ぶ淡い色で愛らしく

小春

春の情景が浮かぶようなやさしい色合いの練りきりを、ふきんでキュッと絞りました。特別な道具もいらないし、色合いを変えるだけで、一年を通して季節を表すことができます。

（作り方10～11ページ）

練りきり生地を作る

材料（でき上がり約180g）
白こしあん … 200g
ぎゅうひ
白玉粉 … 4g
水 … 8g
上白糖 … 8g

日持ち
ラップで包み、さらに保存袋に入れ、冷蔵庫で4～5日、冷凍庫で2週間ほど保存できる。

1 白あんの水分をとばす

耐熱ボウルに白あんを入れ、キッチンペーパーを直接かぶせ、電子レンジに1分30秒ほどかける。

2

いったん取り出して、ゴムべらでよく混ぜる。

3

再びキッチンペーパーをかぶせて、電子レンジに1分30秒かける。表面が粉ふき芋のような状態になるまで水分をとばし、ゴムべらでよく混ぜる。

4 ぎゅうひを作る

耐熱容器に白玉粉を入れ、分量の水を少しずつ加えて溶く。水をすべて加えたら、上白糖を加えて混ぜる。

5

そのまま電子レンジに30秒～1分かけ、半透明のもち状になればOK。

6 仕上げる

3に**5**を加え、ゴムべらでなめらかになるまで混ぜ合わせる。

7

6の生地を一口大にちぎって木のまな板（または固く絞ったぬれぶきん）に並べ、表面の粗熱が取れるまで冷ます。

くり返すことでなめらかに

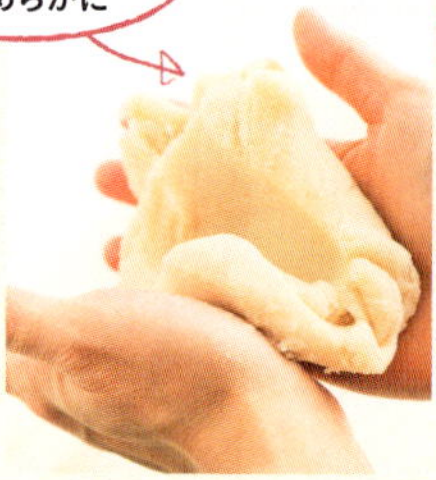

8

生地を一つにまとめ、手で軽くこねる。ちぎって並べ、まとめてこねる、これを3回くり返す。完全に冷めたらラップでぴっちりと包んで、冷蔵庫で冷やす。

練りきり生地が完成！

小春を作る

練りきり×こしあん

材料（6個分）

練りきり生地（P.9～10参照）… 170g
こしあん … 90g
色粉（赤、黄、緑）… 各少々

日持ち

なるべく当日中に食べきる。冷凍保存可

下準備

- こしあんはやや固めに水分調整をする（P.6参照）。6等分（各15g）して丸める。
- 色粉はぬるま湯少々（分量外）で溶く（P.44参照）。

1 生地を分割する

練りきり生地を3等分し、それぞれ色粉の赤でピンク、黄、黄と緑で黄緑に着色する。それぞれ6等分して丸める。

2 生地を合わせる

手の上でピンク、黄、黄緑の3色の生地を合わせる。

3

手のひらで軽く押して広げる。

4 あんを包む

3に丸めたこしあんをのせて包む（P.26参照）。

5

閉じ口を下にして、両手で転がして丸める。

6 仕上げる

固く絞った絹ぶきん（P.93参照、または薄手のハンカチ）で包み、クルクルとねじってしっかり絞る。絞ったところを親指、人差し指、中指の3本で押さえて、形を整える。

おひな様

桃の節句には、和菓子で小さなおひな様とお内裏《だいり》様を作ってみませんか。仕上げのポイントは、着物の衿《えり》もと。端を包丁でスパッと切って仕上げると、キリッと見えて素敵です。

おひな様を作る

練りきり×こしあん

材料（4個分）
練りきり生地（P.9～10参照）…160g
こしあん…32g
色粉（赤、黄、緑）…少々
金箔《きんぱく》…少々

日持ち
なるべく当日中に食べきる。冷凍保存可。

下準備
- こしあんはやや固めに水分調整をする（P.6参照）。4等分（各8g）して丸める。
- 色粉は湯少々で溶く（P.44参照）。

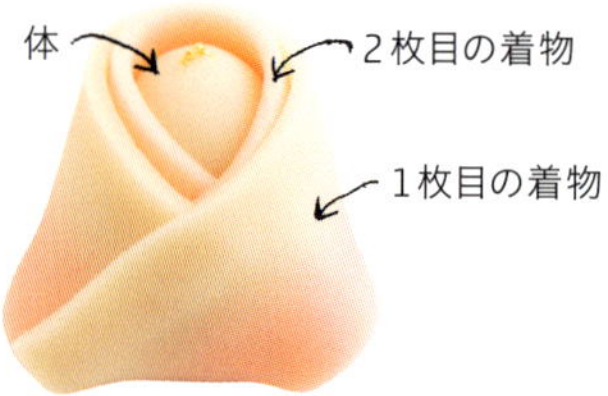

おひな様は着物を色粉の赤でピンクに、お内裏様は色粉の黄と緑で黄緑に着色した生地を使用する。作り方は同じ。

1 体を作る

練りきり生地から32gを取り、4等分して丸める。生地に丸めたこしあんをのせて包む(P.26参照)。閉じ口を下にして両手で転がし、卵形にする。

2 着物の準備

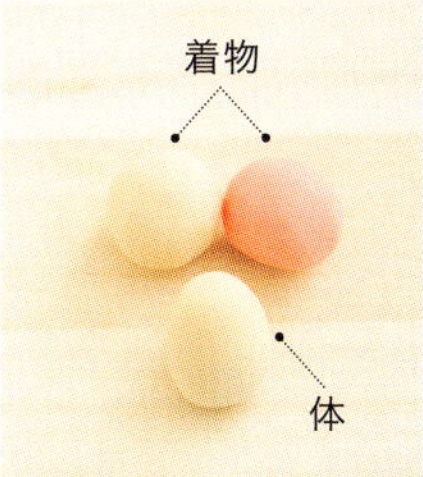

残りの練りきりを2等分(各64g)し、一つを色粉の赤でピンクに着色する。もう一つは白いままで、それぞれ4等分(各16g)する。※写真は1個分。

3 1枚目の着物を作る

ピンク生地、白生地とも手で転がして、直径1㎝、12㎝長さの棒状にのばし、固く絞ったぬれ絹ぶきんの上に並べる。

4

上から固く絞ったぬれ絹ぶきんをかぶせ、めん棒で真ん中から向こう、真ん中から手前へと動かして薄くのばす。

5

色の境目の中心部分をほんの少しずらしながら、3〜4回折りたたむ。ぬれ絹ぶきんをかけて、めん棒で同様にのばす。

6

5を3回ほどくり返し、色の境目をぼかし、最後は2㎜厚さにのばす。3㎝×10〜12㎝に包丁でカットする。

7 2枚目の着物を作る

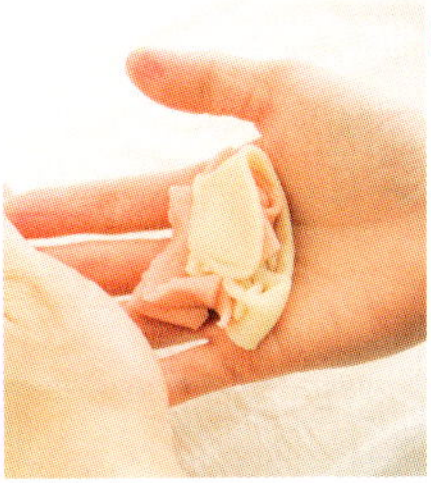

切り落とした生地を合わせて少し濃いめのピンクに着色し、2㎜厚さにのばして**6**と同様にカットする。

8 仕上げる

1の上に**7**、**6**の順に着物を巻きつける。余った生地は体の下部にたたみ込んで形を整え、金箔をのせる。

菜の花

きんとんは、そぼろ状にこし出した生地で自然な表情に仕上げる、とても和菓子らしいもの。きんとんぶるいがなくても、少し表情は変わりますが、ざるなどでかわいく作れます。

（作り方16～17ページ）

三色すみれ

ほっこりとした卵の風味がおいしい黄身しぐれに、さわやかなオレンジあんを包み、お花を飾りました。黄身あんは固めに練り、生地に仕上げるときに混ぜすぎないのが、きれいな割れ目を作るコツです。

（作り方18〜19ページ）

菜の花を作る

きんとんあん×白こしあん

材料（8個分）

きんとんあん

- 白こしあん…260g
- 粉寒天…1g
- 水…90g
- 水あめ…20g
- 色粉（黄、緑）…各少々

白こしあん…120g

飾り用練りきり生地

（P.9～10参照）…10g

日持ち

冷蔵庫で1～2日。

流し缶

きんとんあんを固めるために11×14㎝の流し缶1台を使用。または同じくらいのサイズの容器やバットでも。

下準備

- 中心用の白こしあんは、8等分（各15g）して丸める。
- 色粉は湯少々で溶く（P.44参照）。
- 流し缶を水でぬらしておく。

きんとんあんを作る

1 鍋に分量の水を入れ、粉寒天をふり入れる。中火にかけ、寒天を混ぜながら煮溶かす。

2 沸騰して寒天が完全に溶けたら、白あんを加える。

3 火を少し強めて、鍋底をこするように木べらを動かしながら手早く練る。水分がとぶのに合わせて、火を弱めながら練り混ぜる。

4 木べらですくって垂らすとうっすらと積もり、鍋を揺すると平らになるくらい固くなったら、水あめを加えて混ぜる。

5 色粉の黄と緑で黄緑に着色する。色がきれいに混ざり、なめらかになったら火からおろす。※固くなったら、水（分量外）を加えて調整する。

6

流し缶に流し入れて、平らにならして冷ます。冷めて固まったら、8等分に切り分ける。

7 こし出す

きんとんぶるいで、**6**を1個分ずつこし出す（左記参照）。※ざるでこし出してもOK（P.29参照）。

8 仕上げる

7でこし出したものを少量取り分け、丸めた白あんの底に貼りつける。

9

8を手にのせ、竹串を使って、残りを下から上に向かって植えつける。

10

飾り用練りきり生地を、色粉の黄で着色し、目の細かいふるいでこし出す（P.19の作り方12〜13参照）。**9**に植えつけて、菜の花に見立てる。

きんとんぶるいの使い方

使い方

1 きんとんぶるいをセルクルにのせてセットする。

2 ふるいに対して垂直に力を加え、まっすぐに押し出す。

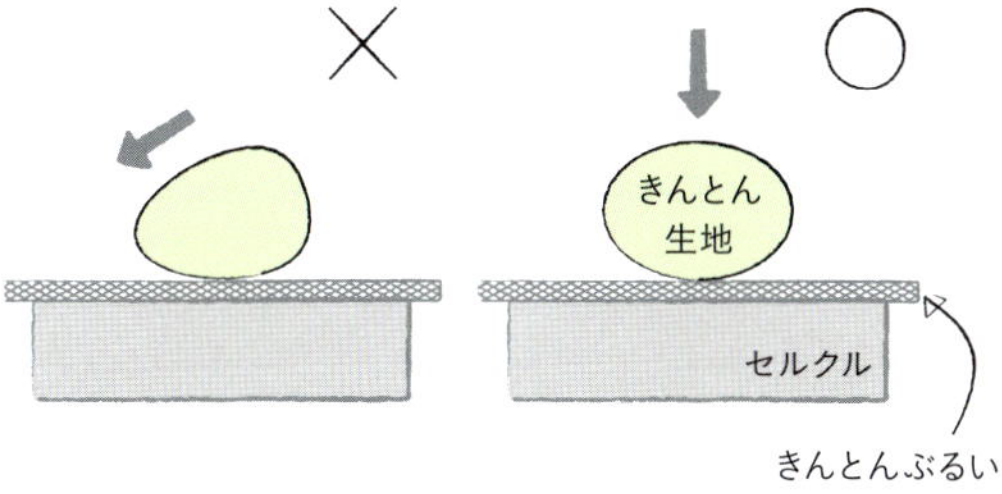

三色すみれを作る

黄身しぐれ×オレンジあん

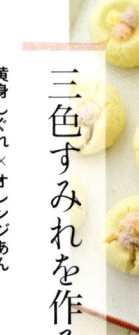

材料（20個分）※1

黄身しぐれ生地 ※2

黄身あん

- 白こしあん…500g
- 固ゆで卵の黄身…1個分

卵黄…1個分

上新粉…9g

ベーキングパウダー…1g

オレンジあん（P.90参照）…280g

花芯《しべ》用練りきり生地（P.9～10参照）…60g

色粉（赤、青、黄、緑）…各少々

※1　10個分は材料をすべて半量にする。

※2　黄身しぐれ生地は、黄身あんを練り、卵黄や上新粉などを混ぜたもの。

日持ち

冷蔵庫で1～2日。冷凍保存可。

下準備

- 蒸し器のすのこにふきんとオーブンシートを順に敷く。
- 蒸し器は火にかけておく（P.62参照）。
- 色粉は湯少々で溶く（P.44参照）。
- オレンジあんを作り、20等分（各14g）して丸める。

黄身あんを練る

1 乾いたふきんの上に裏ごし器をのせ、ゆで卵の黄身をこす。

ふきんを使うと混ぜやすい！

2 ふきんの中心に黄身を集めて黄身の約2倍量の白あんをのせ、ふきんでもみ込むように混ぜる。

3 まんべんなく混ざったところ。

4 鍋に3と残りの白あんを入れ、水約カップ1/4を加えて中火にかけ、練り混ぜる。

熱いのでサッと！

5 手の甲に当ててみて、つかないくらいの固さになったら火からおろす。

6 木製のまな板（またはは固く絞ったぬれぶきん）の上に少量ずつ取り出し、冷ます。

7 黄身しぐれ生地を作る

6の黄身あんをボウルに入れ、卵黄を加えて手で切るようにさっくりと混ぜる。

Point

練り混ぜると粘りが出て表面が割れなくなり、口当たりも悪くなるので、さっくりと混ぜること。

8

上新粉、ベーキングパウダーを加えて軽く混ぜる。色粉の黄と緑で、黄緑に着色する。

9 あんを包む

8を20等分(各21g)して丸くのばし、丸めたオレンジあんをのせて包み（P.26参照）、閉じ口を下にして、両手で転がして丸める。

10 蒸す

閉じ口を下にして蒸し器に並べ、卵型（またはゆで卵）のとがったほうで中央をくぼませる。

11

強火で4〜5分、表面に亀裂ができるまで蒸し上げる。蒸したては指の跡がつきやすいので、粗熱がとれたら取り出す。

12 飾る

花芯用練りきり生地を3等分し、それぞれ色粉の赤でピンク、黄、赤と青で紫に着色する。それぞれ親指の頭くらいを取って、目の細かいふるいの下から上に向けて親指でこし出す。

13

竹串で形よくつまんで、黄身しぐれの中央に植えつける。

桜もち

桜の季節ならではの桜もち。地域で焼き皮派と道明寺派に分かれ、教室でもどっち派かで毎年盛り上がります。道明寺粉を使うと手軽ですが、もち米から作ると格別のおいしさです。

（作り方22～23ページ）

花衣

すりガラスのような美しい質感のういろう。特別な道具もいらず、意外に簡単に作れます。生地を包丁でスパッと切り、角を立たせると美しく仕上がります。

（作り方24〜25ページ）

桜もちを作る

道明寺×こしあん

材料（12個分）
もち米…1合（180ml）
上白糖…40g
熱湯…100g
色粉（赤）…少々
こしあん…180g
桜葉の塩漬け…12枚

日持ち
なるべく当日中に食べきる。

桜葉の塩漬け
食用の桜の葉の塩漬け。水につけて塩抜きして使う。

下準備
- もち米は洗って、分量の3倍以上の水に一晩つけておく。
- 桜葉は5分ほど水につけたら水けをふき、軸を切り取る。
- 蒸し器のすのこに固く絞ったぬれぶきんを敷く。
- 蒸し器は火にかけておく（P.62参照）。
- 色粉は湯少々で溶く（P.44参照）。
- こしあんは12等分（各15g）して丸める。

もち米を蒸す

1

一晩水につけたもち米の水けをよくきり、乾いたふきんにのせる。

2

ふきんで包んでもみ、米粒を粗く砕く。

3

蒸し器に**2**を移して、強火で15分蒸す（もち米に半分ほど火が通っている状態）。

4

蒸し上がり時間に合わせて分量の湯を沸かし、色粉の赤でピンクに着色する。

5

もち米が蒸し上がったらボウルにあけ、**4**を少しずつ加えて泡立て器でまんべんなく混ぜる。

6

ゴムべらで表面をならし、ラップを直接ぴったりとかぶせて30分ほどおく。

7 生地を作る

蒸し器に**6**を移し、強火で15分蒸す。蒸し上がったらボウルにあけ、上白糖を3回くらいに分けて加え、粘りが出すぎないようさっくりと混ぜる。

8

温かいうちに、手に水をつけながら、12等分（各30g）して軽く丸める。

9 あんを包む

8に丸めたこしあんをのせて包む（P.26参照）。

10

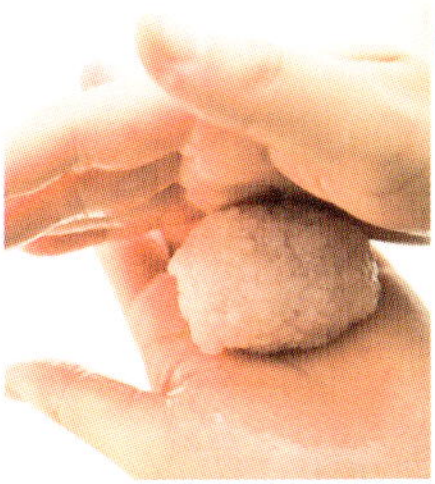

口をしっかり閉じ、両手で転がして俵形に整える。

11

10に桜葉を巻く。

もう一つの桜もち
（焼き皮製）

材料（16個分）

生地

- 白玉粉 … 8g
- 水 … 300g
- 上白糖 … 50g
- **A** 上南粉 … 20g
- 　 強力粉 … 100g
- 色粉（赤）… 少々

こしあん … 240g

桜葉の塩漬け … 16 枚

作り方

1 ボウルに白玉粉を入れ、分量の水を少しずつ加えて泡立て器で混ぜる。上白糖をふるい入れて混ぜ、**A**を合わせてふるい入れ、なめらかに混ぜ合わせる。色粉の赤で淡いピンクに着色する。

2 フライパンにサラダ油（分量外）を薄く引いてなじませ、**1**を細長く流してごく弱火で焼き、表面が乾いたら返し、30秒ほど焼く。オーブンシートの上に並べて冷ます。

3 こしあんを16等分（15g）ずつに丸め、**2**にのせて巻く。塩抜きして水けをふいた桜葉を巻いて仕上げる。

花衣を作る

ういろう × 黄身あん

材料（8個分）

ういろう生地

白玉粉 … 18g
水 … 120g

A	上白糖 … 120g
	上新粉 … 60g
	片栗粉 … 12g

黄身あん※

白こしあん … 500g
固ゆで卵の黄身 … 1個分

みつ用上白糖 … 適量
手粉用片栗粉 … 適量
色粉（赤）… 少々

※作りやすい分量。でき上がりの120gを使用。

日持ち

なるべく当日中に食べきる。

下準備

- 蒸し器に直径20㎝のセルクルをおき、ぬらしたふきんを敷く。生地を流す直前に蒸気を上げ、2分ほど空蒸しする。
- みつ用上白糖は、同量の水を加えて沸騰させてみつを作り、冷ます。
- 色粉は湯少々で溶く（P.44参照）。
- まな板に手粉用片栗粉を広げる。

1 黄身あんを練る

「三色すみれ」の作り方**1**～**6**（P.18）を参照して作る。冷めたら120gを取り分け、8等分（各15g）して丸める。

2 ういろう生地を作る

ボウルに白玉粉を入れ、分量の水を少しずつ加えて溶く。

3

なめらかに混ざったら、**A**を合わせてふるい入れる。

4

泡立て器でよく混ぜて、なめらかに溶く。

5

準備した蒸し器のふきんの上に流し入れて、強火で20分ほど蒸す。

6

蒸し上がったらボウルに移し、木べらでかき混ぜてなめらかにする。

生地を着色する

7

生地が熱いうちに2等分する。手にみつをつけ、一つの生地から少し取り分けて色粉の赤でピンクに着色する。

8

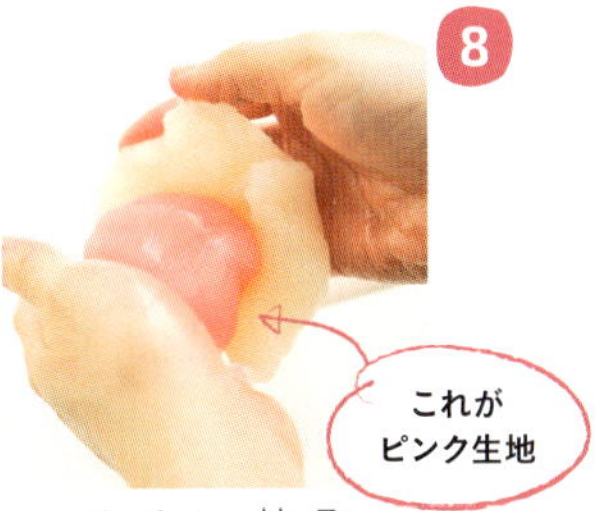

取り分けた残りの生地とよく混ぜて、薄いピンクに仕上げる。もう一つの生地は白いまま使用。

仕上げる

9

ピンク、白生地を各8等分して、片栗粉の上にのせる。生地の上にも片栗粉をふって、めん棒で2㎜厚さにのばす。

10

ピンク、白生地とも4.5×10㎝に包丁でカットし、余分な粉をはけで落とす。

11

1を白生地で包み、その上からピンク生地で包む。

コラム 3

生地の切り方と包み方

切り方

錦玉かん、きんとんなど固めの生地はへらやナイフで切り分けますが、練りきりやぎゅうひ、ういろう、じょうよまんじゅうなどの柔らかい生地は手で切ります。

生地を切るときは、まず扱いやすい大きさにします。

均等になるよう見当をつけ、生地を握って親指と人差し指の間から押し出します。

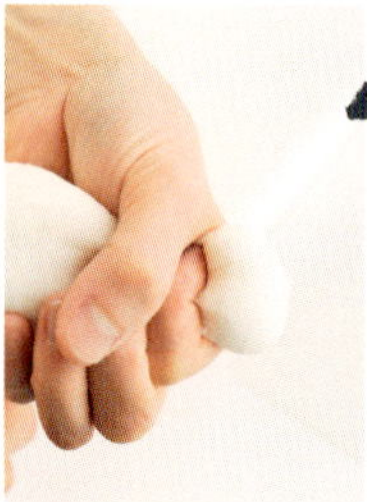

手早く持ち替え、両手の指先でねじるようにちぎります。

包み方

あんを上手に包むコツです。まんじゅう、ういろう、ぎゅうひなどの生地は、最後にしっかりとつまんで閉じます。

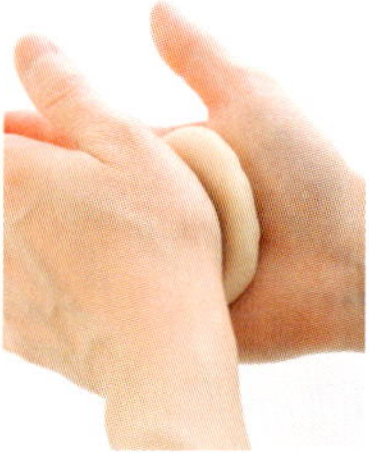

a

生地を親指のつけ根あたりで軽く押して、ほどよい厚さにのばします。

b

生地に丸めたあんをのせ、もう一方の手の指であんを軽く押さえます。

c

同時に下の手を軽く握って、回すようにしながら生地をのばし、少しずつあんを包みます。

d

あんがほぼ隠れたら、指先で生地を中央に集めるように口を閉じます。

e

最後は閉じ口をギュッとつまんで、しっかり閉じます。

f

閉じ口を下にして形を整え、次の工程に移ります。

2章 夏の和菓子

見た目も食感も涼やかに

ひまわり

練りきり生地をこし出して、花びらに。こしあんを中心の花芯《しべ》に見立て、こんもり形よく植えつけましょう。明るい色と表情で、子どもから大人まで喜ばれます。

ひまわりを作る

練りきり×こしあん

材料（6個分）
練りきり生地
（P.9～10参照）…180g
こしあん…90g
色粉（黄）…少々

日持ち

冷蔵庫に入れ、なるべく当日中に食べきる。冷凍保存可。

下準備

- こしあんはやや固めに水分調整をする（P.6参照）。6等分（各15g）し、さらに1個を13gと2gに分けて丸める。
- 色粉は湯少々で溶き（P.44参照）、練りきり生地を着色して6等分する。

1 生地をこし出す

セルクルにきんとんぶるいをセットして、練りきり生地をこし出す（P.17参照）。

2 仕上げる

こし出したものを少量取り分け、大きいこしあんの底に貼りつける。

3

2を手にのせ、竹串を使って、練りきり生地を下から上に向かって植えつける（仕上げ用に生地を少量残しておく）。

4

卵型（またはゆで卵）のとがったほうで、中央をくぼませる。

5

小さなこしあんを丸く平らにのばし、小さなへらなどで格子状に筋をつける。

6

4のくぼみに**5**をのせ、バランスを見て残した練りきり生地を植えつける。

きんとんぶるいがない場合は、ざるを使ってもできます。ざるをひっくり返し、練りきり生地をざるの内側から上に向かってこし出します。

ざるで
こし出しても
OK

バラを作る

練りきり×こしあん

材料（6個分）
練りきり生地
（P.9～10参照）… 180g
こしあん … 90g
色粉（赤、黄、緑）… 各少々

日持ち
冷蔵庫に入れ、なるべく当日中に食べきる。冷凍保存可。

下準備
- こしあんはやや固めに水分を調整する（P.6参照）。 6等分（各15g）して丸める。
- 色粉は湯少々で溶く（P.44参照）。
- 練りきり生地は12gを取り分け、色粉の黄と緑で黄緑に着色して6等分する（葉用）。残りは2等分（各84g）し、一つの生地は色粉の赤でピンクに着色して6等分（各14g）して丸める。もう一つは白いまま6等分（各14g）して丸める。

※写真は1個分。

バラ

スプーン一本で、こんなに愛らしい練りきりが作れます。スプーンで表面をごく薄くすくって、その部分をそっと起こすのがコツ。中からきれいなピンクが見えます。

1 生地の色をぼかす

白生地を手のひらで押して丸くのばし、ピンク生地をのせて包む。

2

淡いピンクに！

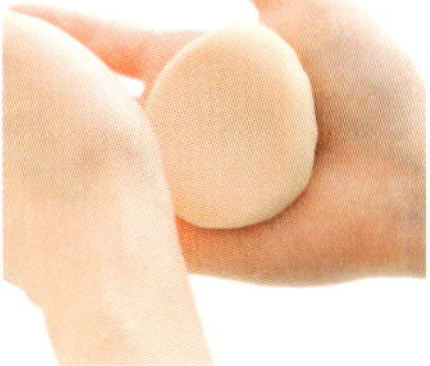

1の閉じ口を上にして、手のひらで軽く押して広げる。

3 あんを包む

2に丸めたこしあんをのせて包む(P.26参照)。

4

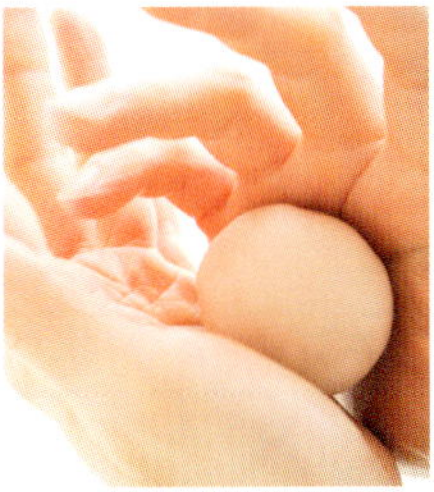

3の閉じ口を下にし、両手で転がして丸める。

5 仕上げる

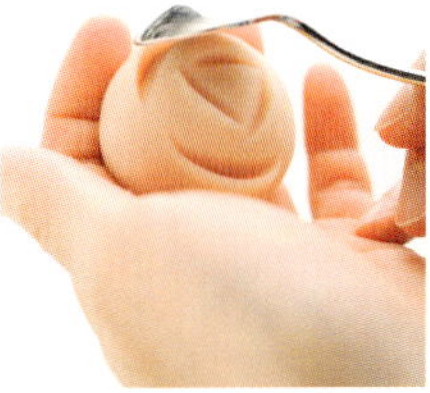

中央にスプーンで三角形を描くように3本の筋をつける(A)。その筋と互い違いになるように外側にも3本の筋をつける(B・イラスト参照)。スプーンの向きではなく、お菓子の向きを変えながら線を描くとバランスよく描ける。

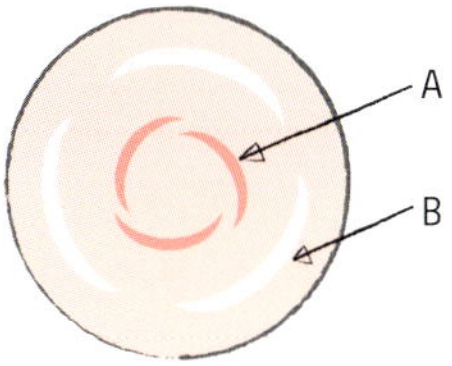

6

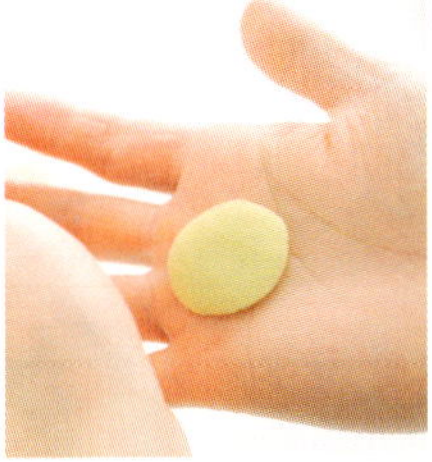

葉用の黄緑の練りきり生地を薄くのばし、口金など丸いもので正円に抜き、さらにずらして葉の形に抜く。

7

葉を**5**の上に飾る。

紫陽花《あじさい》

寒天を甘く煮詰めた錦玉かんを好みの色に染め、小さく切ってあんにつけました。キラキラした透明感が、雨にぬれた紫陽花のよう。色の数はお好みで。

（作り方34〜35ページ）

金魚

クリスタルのように美しい錦玉かんの中に、金魚や楓《かえで》の葉を浮かべた涼やかな夏らしいお菓子。レモン汁を加え、味わいもさっぱり食べやすく仕上げました。

（作り方36～37ページ）

紫陽花《あじさい》を作る

錦玉かん×白こしあん

材料（12個分）

錦玉かん

- 粉寒天…4g
- 水…400g
- グラニュー糖…300g
- 色粉（赤、青）…各少々

白こしあん…216g

日持ち

冷蔵庫で2～3日。

流し缶

錦玉かんを固めるために4台を使用（P.16参照）。

下準備

- 色粉は湯少々で溶く（P.44参照）。
- 白こしあんは12等分（各18g）して丸める。
- 流し缶は水でぬらす。

錦玉かんを作る

1

鍋に分量の水を入れ、粉寒天をふり入れて中火にかけ、混ぜながら煮溶かす。

2

沸騰して寒天が完全に溶けたら、グラニュー糖を加え、混ぜながら弱めの中火で煮詰める。

Point

混ぜすぎると寒天のコシが弱くなって固まりにくく、食感も悪くなる。鍋底をこするように木べらを動かし、なるべく混ぜないように煮詰める。

3

木べらですくって垂らすと、しずくが8㎜くらいの〝つらら〟状にたまるまで煮詰め、火を止める。

4

キッチンペーパーで表面の白い泡（あく）を集め、ペーパーですくい取る。

5

固める

白はつや出し用

流し缶やバットに4等分して流し入れ、そのうち3つを色粉の赤でピンク、赤と青で紫、青で着色する（着色しないものはつや出し用）。常温か、急ぐ場合は冷蔵庫に入れて固める。

6

刻む

流し缶の周囲に包丁の先を入れ、固く絞ったぬれぶきんの上に取り出す。

7

3色の大きさをそろえて

着色した錦玉かんを、各7〜8㎜角に刻む。

8

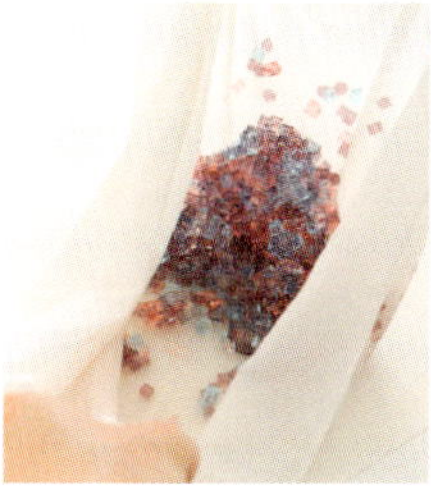

固く絞ったふきんの上に**7**をのせ、ふきんを揺らしながら混ぜ合わせる。

9

仕上げる

丸めた白あんの表面に、**8**をまんべんなく貼りつける。バットなどに並べ、すき間があれば**8**を竹串でつまんで埋める。

10

つや出し用の錦玉かんを流し缶から出して鍋に入れ、水少々（分量外）を加え弱めの中火にかけて溶かす。すべて溶けたら、粗熱をとる。

11

スプーンなどですくい、**9**の上から全体にかける。

12

固まるまでおき、底の余分な錦玉かんは竹串できれいに取り、形を整える。

金魚を作る

錦玉かん × ようかん × 大納言あずき甘納豆

材料（直径5.5cm、高さ4cmのカップ8個分）

錦玉かん
- 粉寒天 … 4g
- 水 … 300g
- グラニュー糖 … 280g
- レモン汁 … 10g

ようかん
- 粉寒天 … 1g
- 水 … 40g
- グラニュー糖 … 40g
- 白こしあん … 80g
- 水あめ … 5g

大納言あずき甘納豆（P.40 参照）… 50 〜 60 粒

色粉（赤、黄、緑）… 各少々

ようかんを作る

1

鍋に分量の水を入れ、粉寒天をふり入れて中火にかけ、混ぜながら煮溶かす。寒天が完全に溶けたら、グラニュー糖を加える。

2

グラニュー糖が溶けて沸騰したら火を止め、白あんをちぎりながら加える。

3

再び中火にかけ、木べらで混ぜて溶かす。なめらかになり、沸騰してきたら水あめを加えて溶かし、とろっとするまで煮詰める。

色を着ける

4

バットに3の半量を流して色粉の赤をところどころに落とし、竹串で大きく混ぜてマーブル状にして冷ます。

5

鍋の残りのようかんに水少々（分量外）を加え、再び火にかけて軽く煮詰める。火を止めて、色粉の黄と緑で黄緑に着色し、別のバットに流して冷ます。

バットと抜き型

ようかんを流すバットは18.5×13.5cmの薄型のものを2枚使用。ようかんを抜くために、直径1cmほどの金魚と葉の抜き型を使用。

下準備

- 色粉は湯少々で溶く（P.44 参照）。
- バットは水でぬらす。

日持ち

冷蔵庫で2〜3日。

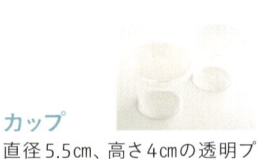

カップ

直径5.5cm、高さ4cmの透明プラスチックのカップを使用（ふたつき）。

6 ようかんを抜く

固まったら固く絞ったぬれぶきんの上に出し、赤いようかんは、色合いのよいところから金魚の抜き型で8枚抜く。黄緑のようかんは、葉の抜き型で8枚抜く。

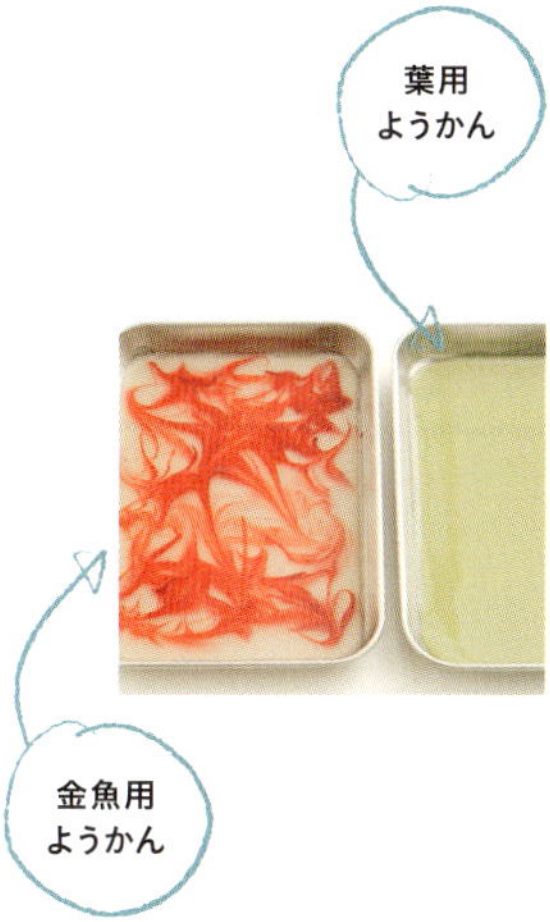

7 錦玉かんを作る

「紫陽花《あじさい》」の作り方1〜4（P.34）を参照して作り、火を止めたらレモン汁を加えて混ぜる。

8 仕上げる

カップに甘納豆を入れ、7の錦玉かんを甘納豆より1cmほど上まで流し入れる。

9

表面が固まりかけた錦玉かんの上に、金魚と葉のようかんを各1枚ずつのせる。

10

鍋に残っている7を火にかけて温め、熱い状態で9のカップの八分目まで流し入れる。粗熱がとれたら、冷蔵庫で冷やす。

残ったようかんは

型で抜いたあとに残った飾り用ようかんは、〝ようかん〟としていただきましょう。細長く切って重ね、食べやすい長さに切り分け、金魚や葉を飾ると一品に。

Point

錦玉かんが熱いと飾りが浮き沈みしてしまい、完全に固まってしまうと次に流す錦玉かんとくっつかないので、〝固まりかけ〟で次の作業をする。

水《み》無《な》月《づき》

6月末の「夏越《なごし》の祓《はらえ》」にいただくお菓子。三角形は暑気を払う氷を表し、あずきは厄《やく》除《よ》けといわれています。素朴なおいしさがあり、作り方も意外に簡単。

（作り方40〜41ページ）

天の川

ぎゅうひで、甘酸っぱいあんずあんを包みました。錦玉かんの帯に散らした白ごまは、夜空にキラキラと輝くお星様。ちょっとロマンチックな和菓子です。

（作り方42～43ページ）

水《み》無《な》月《づき》を作る

ういろう × 大《だい》納《な》言《ごん》あずき甘納豆

流し缶
ういろう生地を蒸すために1台を使用（P.16参照）。

下準備
- 湯を沸かし、180gをはかる。
- 蒸し器は火にかけておく（P.62参照）。
- 流し缶は水でぬらす。

日持ち
なるべく当日中に食べきる。

大納言あずき甘納豆
大粒の大納言あずきを柔らかく煮て、みつを含ませたもの。

材料（8個分）
ういろう生地
- 白玉粉 … 10g
- 水 … 20g
- A
  - 上白糖 … 100g
  - 薄力粉 … 35g
  - 上用粉 … 60g
- 熱湯（約60度）… 180g

大納言あずき甘納豆 … 120g

1

甘納豆をはかる

流し缶に甘納豆を敷き詰めて量を決め、ボウルなどに移す。

2

ういろう生地を作る

ボウルに白玉粉を入れ、分量の水を少しずつ加えて溶く。

3

なめらかに混ざったら**A**を合わせてふるい入れ、分量の湯を一気に加えて泡立て器でよく混ぜる。

4

蒸す

3の生地を30g取り分ける。残りは流し缶に流し入れ、蒸し器に入れて強火で30分蒸す。

5

1のボウルに入れた甘納豆に、残した生地30gを加えて混ぜ合わせる。

6

ういろう生地が蒸し上がったら、蒸し器を火からおろす。

7

流し缶に**5**をのせてまんべんなく広げる。再び蒸し器を火にかけ、強火でさらに10分蒸す。蒸し器から出し、そのまま常温で冷ます。

8

切り分ける

冷めたら流し缶の周囲に包丁の先を入れて取り出す。甘納豆を上にして、三角形になるように8等分する。

天の川を作る

ぎゅうひ×錦玉かん×あんずあん

材料（8個分）

ぎゅうひ生地

- 白玉粉…40g
- 水…80g
- 上白糖…80g

錦玉かん

- 粉寒天…1g
- 水…75g
- グラニュー糖…75g
- いり白ごま…少々
- 色粉（黄、緑）…各少々

あんずあん（P.90参照）…200g

手粉用片栗粉…適量

金箔《きんぱく》（星形入り）…少々

日持ち

冷蔵庫で1～2日。

流し缶

錦玉かんを固めるために2台を使用（P.16参照）。

下準備

- 色粉は湯少々で溶く（P.44参照）。
- まな板に手粉用片栗粉を広げる。
- あんずあんを作り、8等分（各25g）して丸める。

1 錦玉かんを作る

「紫陽花《あじさい》」の作り方**1**～**4**（P.34）を参照して作る。色粉の黄、緑で黄緑に着色して流し缶に薄く流し入れる。白ごまをまんべんなく散らして固める。固まったら流し缶から出し、3.5cm×11cmに切る。

2 ぎゅうひ生地を作る

鍋に白玉粉を入れ、分量の水を少しずつ加えて泡立て器で溶きのばす。

3

中火にかけ、木べらでよく練る。

4

なめらかなつやのあるもち状（薄い膜ができる）になったら、上白糖を3回に分けて加え、弱火で練り混ぜる。

5

上白糖をすべて混ぜた状態。

6

とろとろと落ちるくらいになるまで差し水（分量外）を加え、さらに練り混ぜる。

7

木べらですくうと、ゆっくりリボン状に流れ落ちるようになったら火を止める。

8

片栗粉の上に**7**をのせ、内側に片栗粉が入らないように向こう側から手前に二つ折りにする。

9

べたつかず、手で触れるようになったら、はけで片栗粉を落として扱いやすい大きさにたたむ。

10 生地を切り分ける

手に片栗粉をつけ、**9**を8等分(各15g)する（P.26参照）。

11 あんを包む

10に丸めたあんずあんをのせて包む（P.26参照）。

12

閉じ口を下にして両手で転がし、俵形に整え、はけで余分な片栗粉をはらう。

13 仕上げる

12に**1**を巻きつけ、金箔を飾る。

コラム 4

色のつけ方

色粉は食用色素ともいい、生地などに色をつけるもの。赤、青、黄、緑などがあり、ブレンドして色を作ることもできます。一度濃くしてしまうと色の調整が難しくなるので、少しずつ加えるよう気をつけましょう。

a

まず少量の湯（または水）に、色粉をほんの少し（耳かき1杯分）加えてよく混ぜます。

b

色をつける生地から少しだけ切り分け、これに溶いた色粉をつけます。ごく少量でもしっかり色がつくので、加える際は少しずつ。

c

色粉をつけた小さな生地をもみ込んで、色を全体になじませます。ここでは少し濃いめになってもOK。

d

残りの白い生地を軽くのばし、着色した生地をのせて包みます。こうすることで色の濃さを調整します。

e

生地を折りたたみながら、色をなじませます。時間がたつと空気が抜けて色が濃くなるので、ここではイメージよりも少し薄めに仕上げましょう。薄すぎた場合はもう一度くり返します。

少し物足りないくらいの
色みで、
品よく仕上がります

3章

秋の和菓子

豊かな実りの秋を楽しんで

菊を作る

練りきり×こしあん

材料（6個分）
練りきり生地
（P.9～10参照）… 180g
こしあん … 90g
色粉（赤、黄）… 各少々

日持ち
なるべく当日中に食べきる。冷凍保存可。

三角べらと丸棒
P.93参照。

下準備
- 色粉は湯少々で溶く（P.44参照）。
- 練りきり生地から花芯《しべ》用に4gを取り分け、色粉で黄に着色する。残りは2等分（各88g）して、片方を色粉の赤で薄いピンクに着色し、それぞれ6等分する（写真は1個分）。
- こしあんはやや固めに水分調整をする（P.6参照）。6等分（各15g）して丸める。

菊

菊は、和菓子には欠かせない伝統的なモチーフの一つ。丸棒という道具で、花びらを一枚一枚仕上げていきます。互い違いに長さを変えて、菊の花に見立てました。

生地の色をぼかす

1

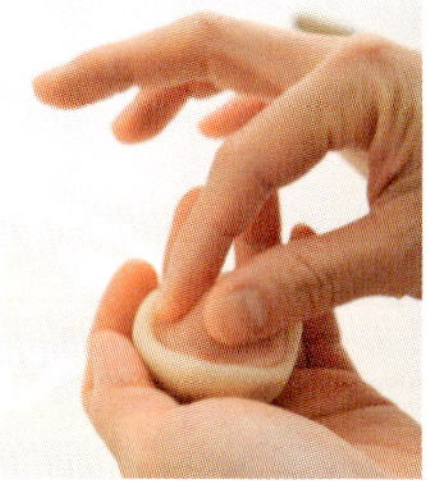

練りきりの白生地を手で押して丸くのばし、ピンクの生地をのせて包む。

2

1の閉じ口を上にして、手のひらで押して丸くのばす。

あんを包む

3

2に丸めたこしあんをのせて包む（P.26参照）。

4

閉じ口を下にして両手で転がし、山形に整える。

仕上げる

5

三角べらで、中央に印をつける。

6

山の中央に向けて下から上に、三角べらで均等に16本の線をつける。

7

一つ飛ばしで、中央から下に向けて丸棒で押しのばす。間の飛ばした部分は、上から中央に向けて押しのばし、段違いの花びらを描く。

8

花芯用の練りきり生地は6等分し、1つを三角べらの先端にこんもりと詰める。三角べらがなければ、丸めるだけでもよい。

9

7の中央に軽く押し込むようにして〝花芯〟に見立てる。

紅葉を作る

練りきり × こしあん

材料（6個分）
練りきり生地（P.9〜10参照）… 180g
こしあん … 90g
色粉（赤、黄、緑）… 各少々

日持ち　なるべく当日中に食べきる。冷凍保存可。

三角べら P.93参照。

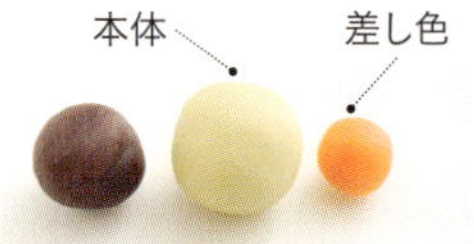

下準備

- 色粉は湯少々で溶く（P.44参照）。
- 練りきり生地は156gと24gに分け、156gの生地を色粉の黄と緑で黄緑に、24gを赤と黄でオレンジに着色する。それぞれ6等分する（写真は1個分）。
- こしあんは、やや固めに水分調整をする（P.6参照）。6等分（各15g）して丸める。

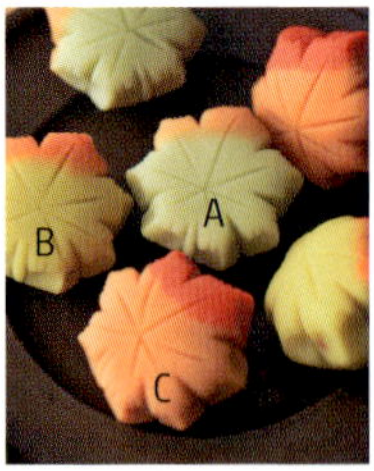

	本体の色	差し色
A（作り方の写真）	黄緑	オレンジ
B	黄	オレンジ
C	濃いオレンジ	赤

※B、CはAと同様に作る。

紅葉《もみじ》

紅葉もまた代表的なモチーフ。紅葉の形作りは難易度が高めですが、そもそも自然の葉っぱはいろんな色や形をしています。難しく考えず、ぜひチャレンジしてみて。

1 生地の色をぼかす

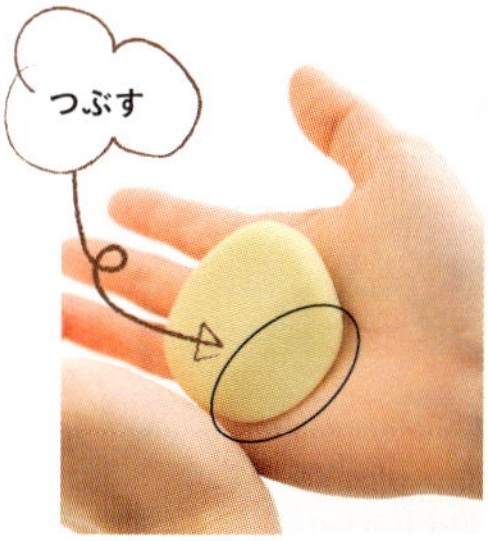

黄緑の生地を丸めて手のひらで広げ、親指のつけ根あたりで、表面の1/3くらいを斜めにつぶす。

2

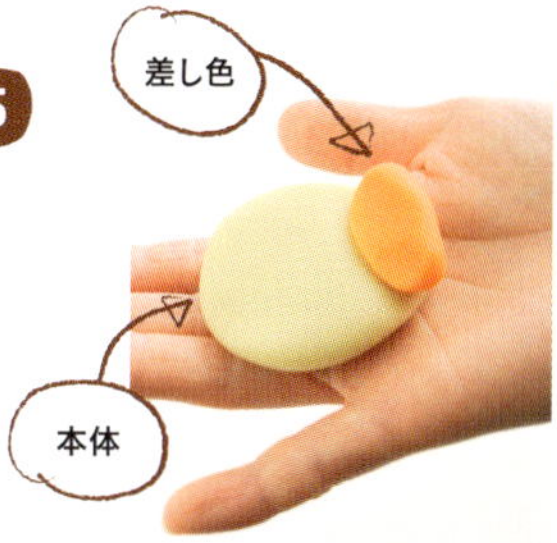

オレンジの生地を黄緑の生地の幅に合わせて細長くして表面の1/2をつぶし、つぶした部分を重ねるようにして、2色の生地を貼り合わせる。

3

2色の生地の境目を、オレンジから黄緑の生地に向かって親指で細かくなでるようにぼかす。

4 あんを包む

色をぼかしたほうを下にして、丸めたこしあんをのせて包む（P.26参照）。

5

指先で生地を中央に集めるようにして閉じる。

6

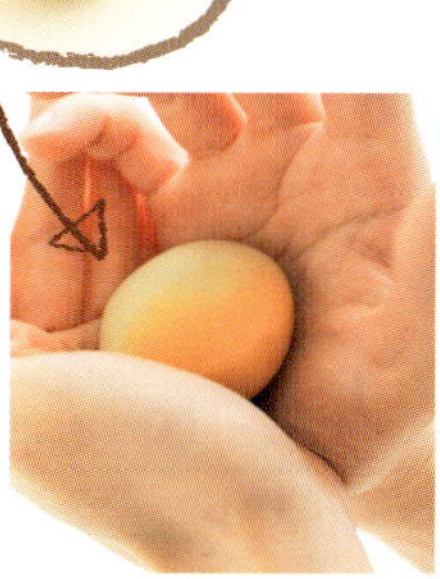

閉じ口を下にして、手のひらで軽くつぶす。両手で反時計回りに転がして、形を整える。

7 仕上げる

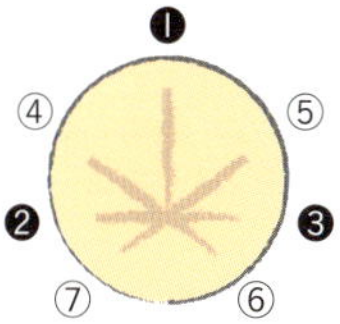

中央よりやや下に目印をつけ、竹串で7本の葉脈を描く。まず❶～❸の順に描き、④以降の線をバランスよく描く。

8

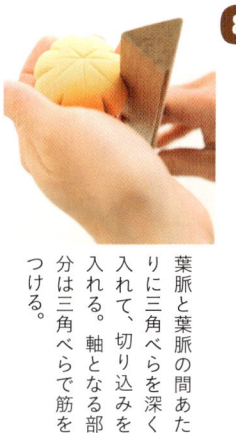

葉脈と葉脈の間あたりに三角べらを深く入れて、切り込みを入れる。軸となる部分は三角べらで筋をつける。

9

切り込みの間（葉脈の先）を指でつまむ。葉のギザギザになるように、三角べらで細かな切り込みをつける。

月うさぎ

ようかんより食感の軽いきんとんあんの中に栗を入れ、夜空に浮かぶ月に見立てました。真っ白な淡雪かんのうさぎを添え、お月見です。

(作り方52～53ページ)

焼き芋

和風スイートポテトのような、オーブンで焼くお菓子です。芋あんをたっぷり詰め、周囲にシナモンをつけると、まるで本物の焼き芋みたい。日持ちがするのでおもたせにも。

（作り方54～55ページ）

月うさぎを作る

きんとんあん×
淡雪かん×
栗の甘露煮

材料
（直径5cmのセルクル6個分）

きんとんあん
- こしあん … 260g
- 粉寒天 … 1g
- 水 … 90g
- 水あめ … 20g

淡雪かん
- 粉寒天 … 1g
- 水 … 50g
- グラニュー糖 … 67g
- 水あめ … 8g
- 卵白 … 5g

栗の甘露煮 … 6 個

日持ち
冷蔵庫に入れて1〜2日。

セルクルと抜き型
直径5cmのセルクルできんとんを固める。飾り用の淡雪かんはうさぎ型で抜く。

下準備
- 栗の甘露煮の汁けをきる。

1 きんとんあんを作る

「菜の花」の作り方1〜5（P.16参照）を参照して、白こしあんをこしあんに替えて同様に作る。着色はしない。

2 きんとんあんを固める

ぬらしたバットにセルクルを6個並べ、1を少量ずつ流し入れる。

3

栗の甘露煮を1個ずつ入れて、栗が底につくくらいに押し込む。さらに1を型の八分目まで流し入れ、冷蔵庫に入れて冷やし固める。

4 淡雪かんを作る

鍋に分量の水を入れ、粉寒天をふり入れて中火にかけ、煮溶かす。グラニュー糖（1つまみ残す）を加え、ときどき混ぜながら弱めの中火で煮詰める。

5 木べらですくって垂らすと、しずくが8㎜くらいの〝つらら〟状にたまるまで煮詰め、水あめを加えて火を止める。

6 ボウルに卵白を入れ、残しておいたグラニュー糖を加えて泡立て器で泡立てる。ピンと角《つの》が立つまでしっかり泡立てる。**5**を少しずつ垂らすように加えて、泡立てる。

Point

5が固まりかけていたら、再度火にかけ溶かしてから加える。

7 すくうと少し跡が残るくらいになればでき上がり。

8 バットに薄く流し入れ、ゴムべらで平らにならし、冷蔵庫で冷やし固める。

9 仕上げる

別のバットの底にラップを敷く。**8**の淡雪かんをバットから出してのせ、うさぎ型で抜く。

10 **3**をセルクルから抜いて、底を上にしてバットに並べる。

逆さまに！

11 **9**のうさぎの淡雪かんをのせて飾る。

残りの淡雪かんで杏仁《あんにん》豆腐風

残った淡雪かんは食べやすく切り、シロップにレモンの絞り汁と薄切りのレモンを加えたレモンシロップをかけると杏仁豆腐風の味わいに。

焼き芋を作る

カステラまんじゅう × 芋あん

材料（10個分）

カステラまんじゅう生地

- 薄力粉 … 50g
- ベーキングパウダー … 0.5g
- 上白糖 … 25g
- 溶き卵 … 20g
- バター … 6g
- はちみつ … 2g

芋あん（P.90 参照）… 200g

仕上げ用卵

- 卵黄 … 1個分
- みりん … 小さじ 1/2

手粉用薄力粉、シナモンパウダー … 各適量

いり黒ごま … 少々

日持ち

常温で4～5日。冷凍保存可。

下準備

- 生地のバターは室温において柔らかくする。
- 生地の薄力粉とベーキングパウダーは合わせる。
- まな板に手粉用薄力粉を広げる。
- 芋あんを作り、5等分（各40g）して丸める。
- 仕上げ用の卵黄とみりんはよく混ぜる。
- 天パンにオーブンシートを敷く。

カステラまんじゅう生地を作る

1

ボウルに上白糖をふるい入れ、溶き卵を少しずつ加えて泡立て器で混ぜる。

2 温めて

1にバターとはちみつを加える。大きめのボウルに湯（約60度）を入れ、ここにボウルをのせ、温めながら混ぜて上白糖を完全に溶かす。

3 冷ます

なめらかになったら、ボウルの底に氷水を当てて冷ましながら混ぜる。

4

常温（約25度）に冷めたら、粉類をふるい入れ、木べらでさっくりと混ぜる。

5

粉っぽさがなくなればでき上がり。

6

手粉用薄力粉の上に**5**の生地をのせ、20gずつに切り分ける（P.26参照）。

あんを包む

7

オーブンを180度に温める。**6**に丸めた芋あんをのせて包む（P.26参照）。

8

閉じ口を下にして、さつま芋形に整える。

仕上げる

9

シナモンパウダーをたっぷりまぶす。

10

糸を使って斜め半分に切る。

11

手で形を整え、切り口を上にして天パンに並べる。

焼く

12

切り口に仕上げ用の卵黄をはけで塗る。

13

中央に黒ごまを散らし、180度のオーブンで15分焼く。

かぼちゃまんじゅう

かぼちゃ形のじょうよまんじゅうの中は、もちろんかぼちゃあん。金串で描く顔は1個ずつ違い、不細工でも愛嬌《あいきょう》たっぷりです。ハロウィンパーティーにぜひ。

(作り方58〜59ページ)

亥《い》の子もち

11月になると和菓子屋さんに並ぶ亥の子もち。無病息災や火の用心などを願って食べる季節のお菓子です。シナモンが入ったおもちに焼き目をつけたら、うり坊のようでキュート！

（作り方60～61ページ）

かぼちゃまんじゅうを作る

じょうよまんじゅう × かぼちゃあん

材料（12個分）

じょうよまんじゅう生地

- 大和芋 … 50g（正味）
- 上用粉 … 50g
- 上白糖 … 90g
- 色粉（赤、黄）… 各少々

かぼちゃあん（P.90 参照）… 288g

手粉用上用粉 … 適量

日持ち

常温で2〜3日。

大和芋

棒状といちょう形のものがありますが、どちらでも作れます。

三角べらと丸棒

P.93 参照。

金串

P.60 参照。

下準備

- 蒸し器のすのこにふきん、オーブンシートを順に敷く。
- 蒸し器は火にかけておく（P.62 参照）。
- かぼちゃあんを作り、12 等分（各24g）して丸める。
- 色粉は湯少々で溶く（P.44 参照）。

1 じょうよまんじゅう生地を作る

スプーンが便利！

大和芋はスプーンで皮をこそげ取り、目の細かいおろし金でていねいにすりおろす。

2

ボウルに上白糖を入れ、一部を端に寄せて色粉の赤と黄を加え、指でよく混ぜて濃いめのオレンジに着色する。残りの上白糖と合わせ、まんべんなく混ぜる。

3

2に**1**を加えて少しずつ混ぜ合わせ、なじんだらなめらかになるまで手でよく混ぜる。※手がかゆくなる場合は、すりこ木を使う。

4

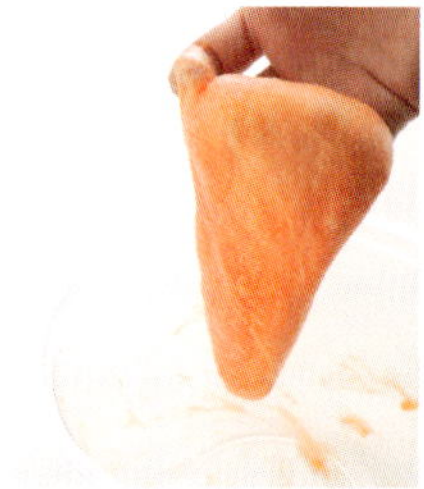

手ですくうと流れそうで流れず、ひとまとまりになるくらいが目安。混ぜすぎると、コシがなくなってダレてしまうので注意。※芋が固い場合は水少々を加える。

5

別のボウルに上用粉を入れ、粉の中央に**4**を加える。表面についた粉をたたみ込むように指で押しながら混ぜ込む。

6

上用粉がすべて混ざり、表面は粉をまとってさらっとしたらでき上がり。たたくとポンと軽い音がする状態が目安。べたつくまでこねないように注意。

7 あんを包む

上用粉を手粉（分量外）にして、**6**を12gずつ12個切る（残りはとっておく）。生地に丸めたかぼちゃあんをのせて包む（P.26参照）。

8

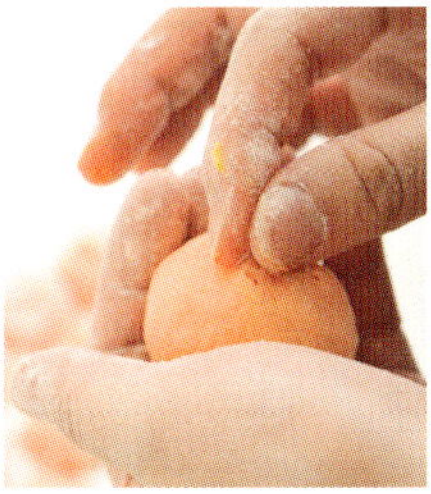

閉じ口のほうの生地が厚くならないように注意しながら、ギュッとつまんでしっかり閉じる。

9

閉じ口を下にして両手で転がし、丸く形を整える。

10 仕上げる

三角べらを使って、下から中央に向かって均等に6本の線をつける。

11

丸棒や菜ばしの頭を押しつけて、中央をくぼませる。残りの生地を小さくちぎって丸め、くぼみにのせる。

12 蒸す

蒸し器に並べ、ふたをして強めの中火で8分ほど蒸す。手にごく少量のサラダ油（分量外）をつけて取り出し、網やオーブンシートの上で冷ます。

13 顔をつける

金串をガス火で赤くなるまでよく焼き、押しつけて目、鼻、口を描く。

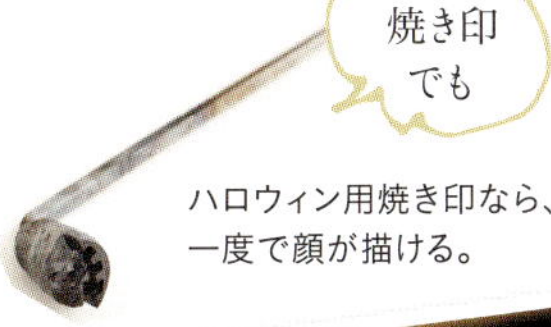

ハロウィン用焼き印なら、一度で顔が描ける。

亥《い》の子もちを作る

半雪平《はんせっぺい》×ごまあん

1 ごまあんを作る

こしあんに黒ごま20gを混ぜ、8等分（各25g）して丸める。

2 ぎゅうひ生地を作る

「天の川」の作り方**2〜7**（P.42〜43）を参照して作る。

日持ち

常温で2〜3日。冷凍保存可。

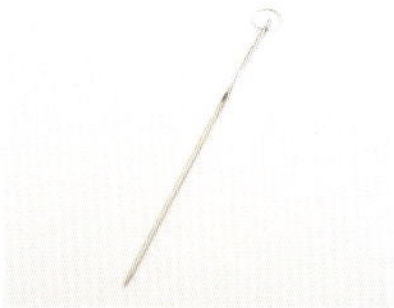

金串

ステンレス製など金属製の串。ガス火で赤くなるまで焼き、和菓子に押しつけて模様をつけたり、顔を描いたりする。

下準備

- まな板に手粉用片栗粉を広げる。

材料（8個分）

半雪平生地

ぎゅうひ生地

- 白玉粉 … 40g
- 水 … 80g
- 上白糖 … 80g

つぶあん … 40g
シナモンパウダー … 1g
いり黒ごま … 10g

ごまあん

こしあん … 200g
いり黒ごま … 20g

手粉用片栗粉 … 適量

※半雪平生地は、ぎゅうひ生地にあんなどを混ぜたもの。

3 半雪平生地を仕上げる

2を弱火にかけたまま、つぶあん、シナモンパウダー、黒ごま10gを加える。

4

手早く混ぜて、なめらかになったら火を止める。

5

片栗粉の上に4をのせ、内側に片栗粉が入らないように向こう側から手前に二つ折りにする。

6 あんを包む

手に片栗粉をつけて、生地を8等分（各20g）する。生地に丸めたこしあんをのせて包む（P.26参照）。

7

閉じ口を下にして両手で転がし、卵形に整える。

8

はけで余分な片栗粉を払う。

9 仕上げる

金串をガス火で赤くなるまで熱し、3本の筋をつける。

いのししは多産なので子孫繁栄、また火の神様のお遣《つか》いとも言われており、厄除けの願いも込められているそうです。

コラム 5

蒸し器の使い方

少量のものを蒸したり、水分をとばしたりするときは電子レンジを使いますが、生地やまんじゅうは蒸し器を使って蒸します。たっぷりの蒸気で蒸すと、ふっくらと仕上がります。

蒸し器を使う場合、生地を作る前に火にかけておきます。下鍋に湯をたっぷりと入れて強火にかけ、沸騰したらその後は蒸気が上がるくらいの火加減にしておきます。

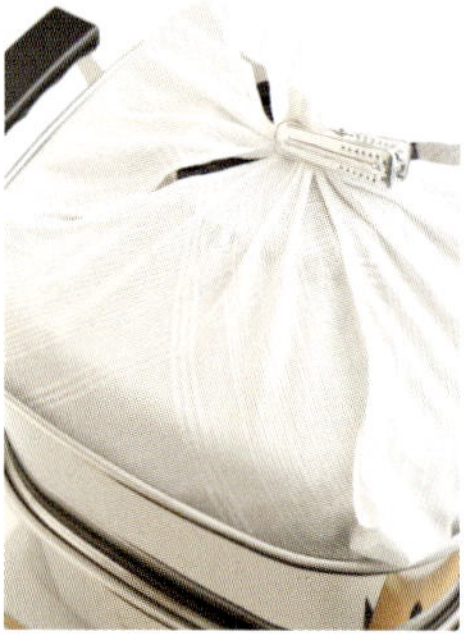

蒸す途中でふたから水滴が落ちないように、ふきん(またはハンカチ)で包みます。ふきんが鍋の下に垂れ下がらないよう、端は結んだり、ピンチで留めたりしましょう。

流し缶で蒸す場合は、蒸し器のすのこに直接のせて蒸します。うさぎまんじゅう(P.88)のように直接並べて蒸す場合は、すのこにふきんとオーブンシートを順に敷きます。

蒸し皿を使う場合

鍋の大きさに合わせて開閉するタイプの蒸し皿は、上下逆にセットしたほうが安定します。鍋に蒸し皿を入れて、流し缶をのせて蒸します。

4章 冬の和菓子

上品な色と形で、華やかに

椿を作る

練りきり × こしあん

材料（6個分）
練りきり生地（P.9～10 参照）
　…180g
こしあん
　…90g
けしの実…少々
色粉（赤、黄）…各少々

日持ち
なるべく当日中に食べきる。冷凍保存可。

三角べらと丸棒
P.93参照。

下準備
- こしあんはやや固めに水分調整する（P.6参照）。6等分（各15g）して丸める。
- 色粉は湯少々で溶く（P.44参照）。
- 練りきり生地から花芯用に10gを取り分け、色粉で黄に着色して6等分する。残りは2等分（各85g）して、片方を色粉の赤と黄で本紅に着色し、もう片方は白いまま使用。それぞれ3等分して丸める（本紅、白各1個ずつを使って椿2個ができる）。

椿

紅白の鮮やかな椿。くぼませた上に、けしの実をあしらった花芯《しべ》をのせてより椿らしく。本紅に着色するには、色粉の赤にほんの少し黄を加えることがポイントです。

1 練りきり生地を分割する

本紅、白生地は糸を使って放射状に各6等分に切る。

2

本紅と白を、交互に3切れずつ貼り合わせて丸める。

3 あんを包む

生地を手のひらで押し広げ、柄がきれいに出ているほうを下にする。

4

3に丸めたこしあんをのせて包む（P.26参照）。

5

閉じ口を下にして両手で転がし、卵形に整える。

6 仕上げる

5のやや下よりを卵型（またはゆで卵）のとがったほうで、くぼませる。

7

くぼみの上側に、三角べらを使って左右から弧《こ》を描くように線を2本描く。

8

飾り用の黄の練りきり生地を6等分して丸め、菜ばしの先を刺してくぼみを作り、くぼみの周囲にけしの実をつけ、菜ばしで植えつける。

鶴

鶴が長い首を後ろに回して羽を休めている姿を表しています。目に見立てた黒ごまは、とがったほうを下に向けて。逆にすると怒り顔になってしまうのです。

鶴を作る

練りきり × こしあん

下準備

- こしあんは、やや固めに水分調整をする（P.6参照）。6等分（各15g）して丸める。
- 色粉は湯少々で溶く（P.44参照）。
- 練りきり生地は5gを取り分けて、色粉の赤と黄で本紅に着色する。残りを150gと25gに分け、25gの生地にすり黒ごまを混ぜ込む（**A**、**B**）。白生地、ごま入り生地とも6等分する（**C**：1個分）。

A

B

C

材料（6個分）

練りきり生地（P.9〜10参照）… 180g
すり黒ごま … 小さじ1
こしあん … 90g
色粉（赤、黄）… 各少々
いり黒ごま … 6粒

日持ち

なるべく当日中に食べきる。冷凍保存可。

三角べらと丸棒

P.93参照。

1 生地の色をぼかす

白生地を丸めて手のひらで広げ、親指のつけ根あたりで、表面の$1/3$くらいを斜めにつぶす。ごま生地を白生地の幅に合わせて細長くして表面の$1/2$をつぶし、それぞれつぶした部分を重ねるようにして、2色の生地を貼り合わせる。

2

2色の生地の境目を、ごま生地から白生地に向かって親指で細かくなでるようにぼかす。

3 あんを包む

色をぼかしたほうを下にして、丸めたこしあんをのせて包む(P.26参照)。

4

閉じ口を下にして両手で転がし、卵形に整える。

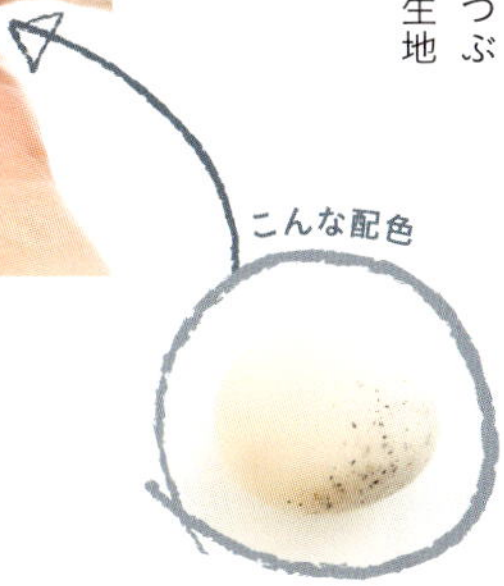

5 仕上げる

4のやや下よりを卵型(またはゆで卵)のとがったほうで、くぼませる。

6

くぼみの上側(白生地側)に、三角べらを使って弧《こ》を描くように線を描く。

7

ごま生地側を右下にして持ち、くちばしの線を三角べらで描く。

8

くちばしの根元の部分に、黒ごまで目をつける。本紅に染めた練りきり生地を6等分し、小さい涙形に整えて頭に植えつける。

聖夜

真っ白なかるかんのクリスマスツリー。でも中はゆず味で、しっかり和風。表面に散らした氷もちで、しんしんと降りつもる雪景色が目に浮かぶようです。

（作り方70～71ページ）

冬ごもり

和風スポンジケーキのような浮島《うきしま》。生地にあんを混ぜ込んでいるので、しっとりとして、ほろっとほどけるような口当たりです。紅茶やコーヒーにもよく合います。

（作り方72〜73ページ）

聖夜を作る

かるかん × ゆずきんとんあん

材料（10個分）

かるかん生地

- 大和芋（P.58参照）…40g（正味）
- グラニュー糖…80g
- 水…50g
- かるかん粉…50g

ゆずきんとんあん

- 白こしあん…130g
- 粉寒天…0.5g
- 水…30g
- ゆずジャム…26g
- ゆず皮のすりおろし…1/4個分

飾り用

氷もち（P.95参照）、アラザン（小）…各適量

下準備

- 流し缶2台にオーブンシートを2枚重ねて敷く。
- 蒸し器は火にかけておく（P.62参照）。

日持ち

常温で2〜3日。

流し缶

かるかん生地を蒸すために2台を使用（P.16参照）。

かるかん生地を作る

1 大和芋はスプーンで皮をこそげ取り、目の細かいおろし金ですりおろしてボウルに入れる。グラニュー糖を3回に分けて加え、空気を含ませるように手で混ぜる。※手がかゆくなる場合は、すりこ木を使う。

2 **1**に分量の水を3回に分けて加え、空気を含ませるようによく混ぜ合わせる。

3 手ですくうと、すくえそうですくえないくらいのトロトロの固さが目安。芋の固さによって水分は調節する。

4 かるかん粉を一度に加え、手でグルグルと混ぜ合わせる。なめらかに混ざればでき上がり。

5 流し缶に等分に流し入れ、強火で10分ほど蒸す。

6

蒸し上がったら流し缶から取り出し、オーブンシートを敷いた網の上で冷ます。

7

ゆずきんとんあんを作る

鍋に分量の水を入れ、粉寒天をふり入れて中火にかけ、寒天を煮溶かす。沸騰して寒天が完全に溶けたら、白こしあんをちぎって加え、ゆずジャムを加えて、強めの中火で焦がさないように練り混ぜる。

8

木べらですくって垂らすと、うっすらと積もり、鍋を揺すると平らになるくらいの固さになったら、ゆず皮を加えて混ぜ、火からおろす。

9

仕上げる

流し缶に**6**のかるかんを1枚敷き、隙間に白こしあん（分量外）を詰める。

Point

ゆずきんとんあんが流れないように、白こしあんで隙間を埋めて。

10

9に**8**のゆずきんとんあんを流し入れる。上にもう一枚のかるかんをのせ、軽く押して密着させて冷ます。

切り方は好みでOK

11

10が冷めたら流し缶から出して、周囲のあんを切り落とす。さらに二等辺三角形（底辺4㎝×高さ4.5㎝）に切り分ける。

12

11に氷もちとアラザンを散らして飾る。

冬ごもりを作る

浮島《うきしま》×大納言《だいなごん》あずき甘納豆

材料（10個分）

あずき浮島生地

- こしあん … 145g
- 卵 … 1個
- 上白糖 … 30g
- 薄力粉、上新粉 … 各5g

浮島生地

- 白こしあん … 145g
- 卵 … 1個
- 上白糖 … 30g
- 薄力粉、上新粉 … 各5g

大納言あずき甘納豆（P.40 参照）… 大さじ2

日持ち

冷めたら冷蔵庫に入れて4～5日。冷凍保存可。

流し缶

浮島生地を蒸すために1台を使用（P.16参照）。

下準備

- 流し缶にオーブンシートを2枚重ねて敷く。
- 蒸し器は火にかけておく（P.62参照）。

あずき浮島生地を作る

1 卵は卵黄と卵白に分け、それぞれボウルに入れる。卵黄を泡立て器でほぐし、上白糖の半量を加えてすり混ぜる。

2 白っぽくなり、ふんわりとするまですり混ぜる。

3 こしあんを加えて、泡立て器で混ぜ合わせる。

4 なめらかになったら、粉類をふるい入れる。

5 泡立て器で、なめらかになるまで手早く混ぜる。

6

別のボウルに卵白をよくほぐし、泡立てる。途中で残りの上白糖を2〜3回に分けて加え、角《つの》が立つまで（八分立て）泡立てる。

7

メレンゲは
2回に分けて

5に6のメレンゲの半量を加え、泡をつぶさないよう、ゴムべらで切るように手早く混ぜる。

8

残りのメレンゲを加えて、切るように混ぜる。メレンゲの白い筋がなくなればでき上がり。

9 蒸す（1回目）

流し缶に、8を流し入れて平らにならす。

10

9に甘納豆を散らす。

11

蒸し器に入れ、ふたを少しずらしてのせ、強火で10分、さらにふたをして中火で10分蒸す。蒸し上がったら蒸し器から取り出す。

12 浮島生地を作り、蒸す（2回目）

あずき浮島生地のこしあんを白こしあんに替えて、作り方1〜8と同様に浮島生地を作る。11の上に口いっぱいまで流し入れ、ならす。再び蒸し器に入れて、ふたを少しずらしてのせ、強火で10分、ふたをして中火で10分蒸す。

浮島生地が余ったら、アルミカップなどに流し入れ、好みで甘納豆を散らして蒸す。

浮島生地で
蒸しケーキ!

13

蒸し上がったらすぐに流し缶から外し、オーブンシートを敷いた網にのせ、紙をはがして上下を返す。冷めたら10等分に切り分ける。

花びらもち

お正月の和菓子の定番、花びらもち。平安時代の宮中の正月儀式に由来し、みそあんはお雑煮を、ごぼうは長寿を願って食べられた鮎《あゆ》をイメージしているそう。

（作り方76～77ページ）

福梅

白いういろう生地の下に赤い生地が透けて、全体がほんのりとピンクに。まだ寒さが残る中で、いち早く咲き始める梅のふっくらした姿に仕上げましょう。

（作り方78～79ページ）

花びらもちを作る

ぎゅうひ×みそあん×みつ漬けごぼう

下準備

- まな板2枚に手粉用片栗粉を広げる。
- 色粉は湯少々で溶く（P.44参照）。
- みそあんを作り、10等分（各15g）して丸める。

日持ち

冷蔵庫で保存し、なるべく当日中に食べきる。

抜き型

生地を丸く抜くために直径9cmのセルクルを使用。

材料（10個分）

ぎゅうひ生地

白玉粉…100g
水…200g
上白糖…200g

みそあん（P.91参照）…150g
みつ漬けごぼう（下記参照）…10本
手粉用片栗粉…適量
色粉（赤）…少々

みつ漬けごぼうの作り方

作り方

1. ごぼう1本は、たわしでこすって洗い、5mm角、10cm長さの棒状に切り、薄い酢水に20分さらす。
2. ごぼうを洗い、鍋に入れてかぶるくらいの水を加えて火にかけ、沸騰したら湯を捨てる。これを2回くり返す。
3. 再びかぶるくらいの水を加えて15〜20分ゆで、ざるに上げて湯をきる。
4. 鍋に水、砂糖各100g（1:1の割合）を入れ、煮立ったら**3**のごぼうを加え、再び煮立ったら火を止める。そのまま冷まし、翌日から使える。

1

ぎゅうひ生地を作る

「天の川」の作り方**2**～**7**（P.42～43）を参照して作る。

2

70gほどを鍋に残し、残りは片栗粉の上にのせる。

3

内側に片栗粉が入らないよう向こう側から手前に二つ折りにする。余分な片栗粉は、はけではらう。

4

鍋の生地に水少々（分量外）を加え、色粉でピンクに着色して、色がなじむまで弱火で練り混ぜる。片栗粉の上に移し、白生地と同じように二つ折りにする。

5

生地をのばす

3の白生地がべたつかず触れるようになったら、手に片栗粉をつけ、生地を半分にちぎり、めん棒で18×28cmほどにのばす。

6

セルクルに片栗粉をつけ、5枚抜く。残りの生地も同じようにのばして全部で10枚抜く。

7

ピンク生地をめん棒で15×20cmほどにのばし、6～7cm長さ、4cm幅ほどのひし形を10枚取れるように切り分ける。

8

仕上げる

余分な片栗粉をはけではらい落とし、白生地の真ん中より少し上にピンク生地をのせ、真ん中にみつ漬けごぼう、手前にみそあんをのせる。

9

白生地とピンク生地を一緒に、手前に折りたたむ。

福梅を作る

ういろう×梅あん

材料（10個分）

ういろう生地

- 白玉粉…15g
- 水…110g
- A 上白糖…115g
- A 上新粉…50g
- A 片栗粉…15g

梅あん（p.91参照）…200g

みつ用上白糖…30g

色粉（赤、黄）…各少々

花芯《しべ》用練りきり生地（P.9〜10参照）…10g

日持ち

室温で保存し、なるべく当日中に食べきる。

三角べら

P.93参照。

下準備

- 蒸し器に直径20cmのセルクルをおき、ぬらしたふきんを敷く。生地を流す直前に蒸気を上げて、2分ほど空蒸しする。
- みつ用上白糖は、同量の水を加えて沸騰させてみつを作り、冷ます。
- 色粉は湯少々で溶く（P.44参照）。
- 梅あんを作り、10等分（各20g）して丸める。

1 ういろう生地を作る

「花衣」の作り方**2**〜**6**（P.24〜25）を参照して作る。

2 生地を分割する

生地が熱いうちに、手にみつをつけて20gを取り分け、残りを10等分（各23g）に切り分けて丸める。取り分けた生地は、色粉の赤でピンクに着色し、10等分（各2g）に切り分けて丸める。

3 あんを包む

白生地を手にのせて丸く押し広げ、人差し指を折って関節で押して中央にくぼみを作る。

4

くぼみにピンク生地をのせ、さらに丸めた梅あんをのせる。

5

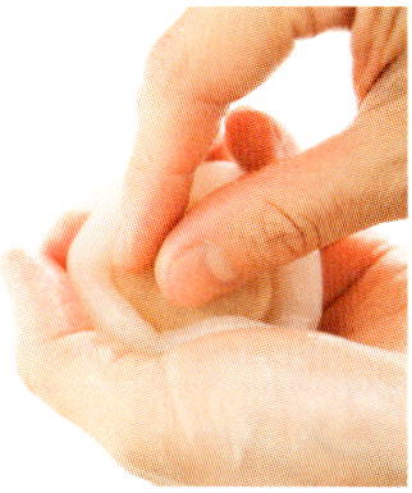

梅あんを包む（P.26参照）。

6

閉じ口を下にして持ち、片栗粉（分量外）をまぶす。はけで余分な粉をはらう。

7

閉じ口を下にして両手で転がし、丸く形を整える。

8 仕上げる

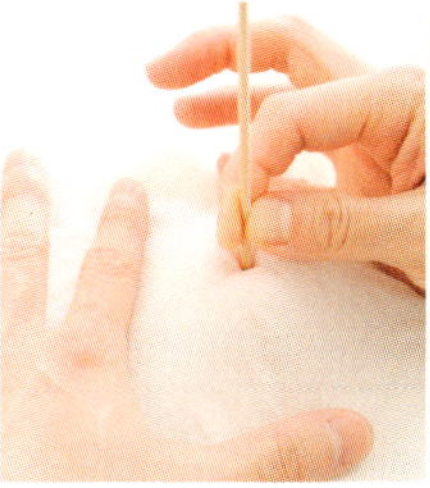

乾いた薄手のハンカチをかぶせてピンとはり、中央を竹串の頭で押してくぼみをつける。

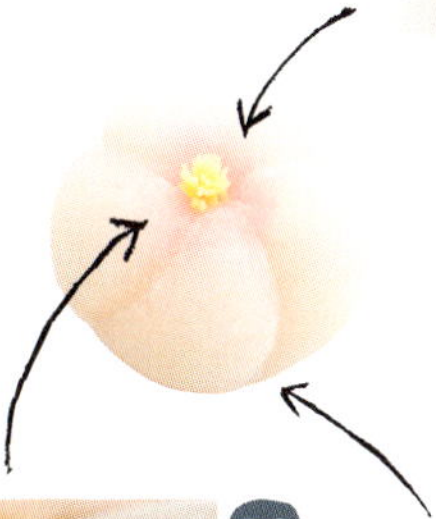

9

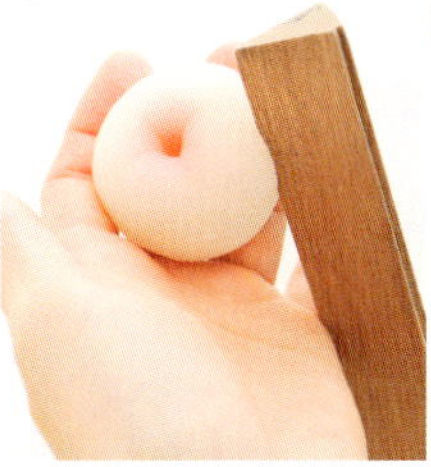

三角べらを使って、下から中央に向かって5本の線を描く。やや斜めに弧《こ》を描くように、三角べらを入れる。

10

花芯用練りきり生地を色粉で黄に着色し、目の細かいふるいでこし出す（P.19参照）。竹串を使ってくぼみの上に植えつける。

コラム6

保存と包装について

家庭では

和菓子はできたてがおいしいので、早めに食べたいもの。すぐに食べないときはラップに包んだり、容器に入れたりして保存します。冷凍可能なものは、和菓子カップや保存容器に入れて冷凍しましょう。

乾燥しないように容器に入れて保存します。

切り分けた和菓子を1個ずつ包みます。

おもたせ用の包装

おもたせ用には個包装すると、持ち運びしやすくなります。包装用のカップやシートなどは、製菓材料店でいろいろなサイズが手に入るので上手に利用して。

この本で紹介しているほとんどの和菓子は、5.2×5.2cmの和菓子カップに収まるサイズに仕上げています。プレゼントしたり、家庭で保存したりするときにも重宝します。

あんをサンドしたどら焼き（P.82）は、他の和菓子よりも少し大きめです。洋菓子のレーズンサンド用の袋がぴったりです。

まんじゅう（P.56、P.88）や切り分けた浮島（P.69）などは、おまんじゅうシートで包んでも。

焼き菓子の焼き芋（P.51）は、ラッピングペーパーに包みます。

5章

みんなが大好きな定番で

おもたせの和菓子

どら焼き

どら焼き × どらあん

一口食べれば顔がほころぶ、どら焼き。
あんの味が決め手なので、ぜひ手作りで。
皮はフライパンやホットプレートで焼けます。
どらあんを好きなだけはさんで、召し上がれ。

おもたせには

おもたせのときは、皮とあんを別々に持っていくのも手。その場でたっぷりあんをはさめば、気分も盛り上がります。

どら焼きを作る

材料（約10個分）

どら焼き生地

卵…3個

上白糖…135g

はちみつ、日本酒
…各12g

薄力粉…150g

水…75g

重曹…3g

どらあん（P.91参照）
…適量

サラダ油…適量

日持ち

常温で1〜2日。

下準備

- どらあんを作る。
- 上白糖、薄力粉はそれぞれふるう。

どら焼き生地を作る

1 ボウルに卵を割り入れ、上白糖を一度に加えて泡立て器で軽く泡立てる。ふわっと白っぽくなればよい（**A**）。

2 はちみつと日本酒、分量の水の半量を順に加えて混ぜる。

3 薄力粉を一度に加え、泡立て器を立ててボウルの中央から粉をくずすようにグルグルと手早く混ぜる（**B**）。なめらかに混ざったら、ラップをかけて室温（夏場は冷蔵庫）で15分ほど休ませる。

4 残りの水から大さじ1を分けて重曹を溶き、**3**に加える。

5 残りの水は生地の状態を見て、少しずつ加える。泡立て器ですくうとリボン状に流れ落ちる固さに調節する（**C**）。

焼く

6 フライパンを中火で熱してごく少量のサラダ油を入れ、キッチンペーパーでふき取るようになじませる。**5**を小さなお玉1杯分丸く（直径7〜8㎝）流し入れ、弱めの中火で焼く。

7 表面にぶつぶつと泡が出たら返し（**D**）、30秒ほど焼いてふわっと生地が浮いたら、焼き色がついた面を上にして乾いたふきんを敷いた網にのせて冷ます。

8 どら焼き一枚にどらあんをたっぷりのせて、もう一枚ではさむ。

A

B

C

D

芋きんつば

きんつば×芋あん

黄と紫のさつま芋を使った芋きんつばです。
ちょっと地味なイメージのきんつばですが、
カラフルな色のあんで作って組み合わせると、
ぐっとあか抜けた雰囲気になりますよ。

おもたせには

冷めたら1個ずつペーパーで包んで、小さなのし紙をかけてみました。

芋きんつばを作る

材料
(各色4×4cmのもの6個分)

きんつば生地
- 白玉粉…10g
- 水…80g
- 上白糖…15g
- 薄力粉…50g

芋あん
- さつま芋(金時または紫芋)…200g
- 上白糖…40g
- 白こしあん…120g
- 水…50g

サラダ油…適量

日持ち
常温で3～4日(夏場は冷蔵庫で保存)。冷凍保存可。

下準備
- 生地の上白糖と薄力粉は合わせる。

芋あんを作る

1 金時、紫芋ともに作り方は同じ。芋は皮をむいて輪切りにし、水に10分つけてあくを抜く。蒸気が上がった蒸し器に入れ、弱火で柔らかくなるまで20分ほど蒸す。温かいうちに裏ごす。

2 鍋に**1**と残りの材料を入れ、弱火にかけて練る。木べらですくって落とすと、山に積もる固さになるまで練る。火からおろし、まな板の上に少量ずつ取って冷ます。

3 芋あんはそれぞれ6等分して、四角く形を整える(**A**)。

きんつば生地を作る

4 ボウルに白玉粉を入れ、分量の水を少しずつ加え、泡立て器で混ぜる(**B**)。

5 なめらかになったら上白糖と薄力粉を一緒にふるい入れ(**C**)、泡立て器でよく混ぜる。

焼く

6 フライパンを中火で熱してごく少量のサラダ油を入れ、キッチンペーパーでふき取るようになじませる。

7 芋あんの一面に**5**をつけてフライパンに並べ(**D**)、弱火で焼く。乾いたら次の面に**5**をつけ、全面を焼く。焼き色をつけないように注意。オーブンシートを敷いた網にのせて冷ます。

A

B

C

D

わらびもち

わらびもち × きな粉

ぷるんとなめらかな食感のわらびもち。
本わらび粉100パーセントで作ると黒くなりますが、
それが本当のわらびもちの色です。
冷やしすぎると固くなるので、食べる直前に冷やして。

おもたせには

持ち運びしやすい容器に流して固め、きなこも添えます。食べるときに包丁で四角く切り分けても、スプーンでラフにすくって盛りつけても。

わらびもちを作る

材料（18.5×12㎝の容器1台分／約6人分）

わらびもち

本わらび粉…50g

水…250g

グラニュー糖…150g

こがしきな粉…適量

本わらび粉

わらび粉は、わらびの根のでんぷん。本わらび粉は純粋なわらび粉が原料で、わらびもち粉は、さつま芋でんぷんなどからできています。

日持ち

常温で、なるべく当日中に食べきる。

1 ボウルにわらび粉を入れ、分量の水を少しずつ加え、指でだまをつぶすように溶かす（A）。

2 鍋にこし器をのせ、1をこす（B）。グラニュー糖を加えて中火にかけ、木べらで絶えず混ぜながら火を通す（C）。粘りと透明感が出るまで練り混ぜる（D）。

3 容器に2を流し入れ、上から茶こしできな粉をたっぷりふりかける。

4 常温で自然に固め、食べる30分前に冷蔵庫に入れて冷やす。

A

B

C

D

うさぎまんじゅう

じょうよまんじゅう × こしあん

真っ白な皮に顔を描いたら、
雪うさぎのおまんじゅうのでき上がり!
かわいらしいけど、大和芋の香りが立つ本格派です。
大きさや向きを変えて並べると、うさぎの家族みたい。

おもたせには

大きさの違ううさぎを、箱に詰め合わせてもかわいい。または1個ずつおまんじゅうシート(P.80参照)に包んでも。

うさぎまんじゅうを作る

材料（中サイズ12個分）

じょうよまんじゅう生地

- 大和芋（P.58参照）…50g（正味）
- 上用粉…50g
- 上白糖…90g

こしあん…288g

色粉（赤）…少々

日持ち

常温で1〜2日。

筆

書道用の細筆。

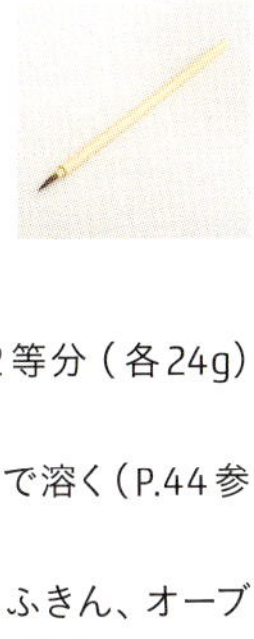

下準備

- こしあんは12等分（各24g）して丸める。
- 色粉は湯少々で溶く（P.44参照）。
- 蒸し器の底にふきん、オーブンシートを順に敷く。
- 蒸し器は火にかけておく（P.62参照）。

じょうよまんじゅう生地を作る

1 「かぼちゃまんじゅう」の作り方**1**～**6**（P.58～59）を参照し、上白糖は色をつけずに白いままで作る。

あんを包み、仕上げる

2 上用粉（分量外）を手粉にして、生地を12等分（各12g）に分ける。残りの生地はとっておく。

3 切り口を上にして手にのせて手のひらで丸く広げ、丸めたこしあんをのせて包む。

4 指先でつまみ、口をしっかり閉じる。閉じ口を下にして両手で転がし、卵形に整える（**A**）。はけで余分な粉をはらう。

5 残りの生地から2gほどを容器に入れ、水を少しずつ加え、色粉で薄いピンクに着色して（**B**）、筆で線が描けるくらいのゆるさに溶く（**C**）。

6 筆に**5**をつけ、まんじゅうに塗って耳を描く（**D**）。

蒸す

7 蒸し器に**6**を並べ、ふたをして強めの中火で8分ほど蒸す。

8 蒸し上がったら、手にごく少量のサラダ油（分量外）をつけ、蒸し器からまんじゅうを取り出し、オーブンシートの上にのせて冷ます。

9 竹串の先に色粉の赤をつけ、目を入れる。

うさぎ1個の分量と蒸し時間

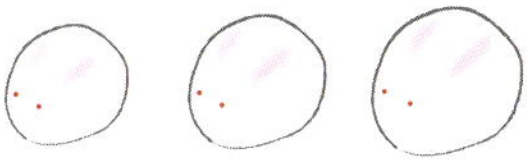

サイズ		
小	中	大
まんじゅう生地		
8g	12g	15g
こしあん		
16g	24g	30g
蒸し時間		
約5分	約8分	約10分

A

B

C

D

あんの作り方

芋あん（焼き芋P.54）

材料
（でき上がり約200g分）

さつま芋 … 小1本
白こしあん … 100g
バター … 6g
グラニュー糖 … 10g
はちみつ … 5g

作り方

1 さつま芋は皮を厚めにむき、輪切りにして水に10分ほどつけ、蒸気が上がった蒸し器で柔らかくなるまで弱火で20分ほど蒸す。温かいうちに裏ごしして100g準備する。

2 鍋に1と残りの材料を入れて中火にかけ、木べらで練り混ぜる。水分がなくなってきたら火を弱めて練り、木べらですくって落とすと、山に積もる固さになるまで練り上げる。

3 木製のまな板や乾いたふきんを敷いたバットなどの上に、少量ずつのせて冷ます。

オレンジあん（三色すみれP.18）

材料
（でき上がり約300g分）

白こしあん … 280g
水 … 60g
オレンジピール … 20g
グランマニエ※ … 適量
※オレンジから作るリキュール。

作り方

1 オレンジピールにグランマニエをふって一晩つけ、細かく刻む。

2 鍋に白あんと分量の水を入れて中火にかけ、木べらで練り混ぜる。水分がなくなってきたら火を弱めて練り、元のあんと同じくらいの固さになったら1を加え、木べらですくって落とすと、山に積もる固さになるまで練り上げる。

3 木製のまな板や乾いたふきんを敷いたバットなどの上に、少量ずつのせて冷ます。

かぼちゃあん（かぼちゃまんじゅうP.58）

材料
（でき上がり約300g分）

かぼちゃ … 1/4個
白こしあん … 110g
水 … 50g
グラニュー糖 … 30g

作り方

1 かぼちゃは種とわたを除き、皮をつけたまま小さく切る。蒸気が上がった蒸し器で10～15分弱火で蒸し、熱いうちに皮を除き、裏ごしして180g準備する。

2 鍋に1と残りの材料を入れて中火にかけ、木べらで練り混ぜる。水分がなくなってきたら火を弱めて練り、木べらですくって落とすと、山に積もる固さになるまで練り上げる。

3 木製のまな板や乾いたふきんを敷いたバットなどの上に、少量ずつのせて冷ます。

あんずあん（天の川P.42）

材料
（でき上がり約250g分）

白こしあん … 200g
水 … 40g
干しあんずのみつ漬け※ … 40g
あんずピュレ、コンデンスミルク … 各16g
※砂糖と水を同量ずつ合わせて煮立てたみつに干しあんずを加え、2～3日以上漬けたもの。

作り方

1 鍋に白あんと分量の水を入れて中火にかけ、木べらで練り混ぜる。水分がなくなってきたら火を弱めて練り、木べらですくって落とすと山に積もる固さになるまで練り上げる。

2 コンデンスミルクを加えて混ぜ、なじんだら刻んだ干しあんずのみつ漬けとあんずピュレを加え、再び木べらですくって落とすと、山に積もる固さになるまで練り上げる。

3 木製のまな板や乾いたふきんを敷いたバットなどの上に、少量ずつのせて冷ます。

梅あん（福梅P.78）

材料

（でき上がり約220g分）

白こしあん … 200g
水 … 40g

梅肉※ … 8 〜 10g

水あめ … 15g

※梅干しの種を除き、果肉を裏ごししたもの。梅干しの塩分によって量を調節する。

作り方

1 鍋に白あんと分量の水を入れて中火にかけ、木べらで練り混ぜる。水分がなくなってきたら火を弱めて練り、木べらですくって落とすと、山に積もる固さになるまで練り上げる。

2 梅肉と水あめを加えて練り混ぜ、火からおろして木製のまな板や乾いたふきんを敷いたバットなどの上に、少量ずつのせて冷ます。

みそあん（花びらもちP.76）

材料

（でき上がり約220g分）

白こしあん … 180g

水 … 40g

水あめ … 18g

白みそ … 30g

作り方

1 鍋にすべての材料を入れて中火にかけ、木べらで練り混ぜる。水分がなくなってきたら火を弱めて練り、木べらですくって落とすと、元の白あんより少し柔らかいくらいに練り上げる。

2 木製のまな板や乾いたふきんを敷いたバットなどの上に、少量ずつのせて冷ます。

どらあん（どら焼きP.83）

材料

（でき上がり約750g分）

大納言あずき … 200g

A | 粉寒天 … 1g
　| 水 … 260g

グラニュー糖 … 260g

水あめ … 20g

作り方

1 あずきは洗って鍋に入れ、ひたひたの水を加えて弱火にかける。沸騰したらたっぷりの水を一気に注ぎ（**a**）、ひたひたになるまで水を捨てる。あずきのしわがのびるまで、4〜5回くり返す。

2 いったんあずきをざるにあけて、全体に水をかける。再び鍋に戻し、ひたひたの水を加えて煮立てる。ふたをし、柔らかくなるまで弱火で1時間ほど煮る。湯が少なくなったら、ひたひたになるまで湯を加えて煮る。

3 指で押すとつぶれるくらいにあずきが柔らかくなったら（**b**）、ざるにあけて汁けをきる。

4 別の鍋に**A**を入れて火にかけ、沸騰したらグラニュー糖を加えて溶かし、**3**のあずきを加える。再び沸騰したら火を止め、3時間以上（できれば一晩）つける。

5 **4**を火にかけ、沸騰したらざるにあけて、あずきと汁に分ける。汁を鍋に戻して煮立て、あずきを加えて軽く練り混ぜる。水あめを加えてなじませ、バットに広げて冷ます。

和菓子作りの主な道具

和菓子作り専用の道具もありますが、日常的に使っていて代用できそうなものがあれば試してみてください。ユイミコは、１００円ショップのざるやへら、手作りした丸棒なども愛用しています。

はかる

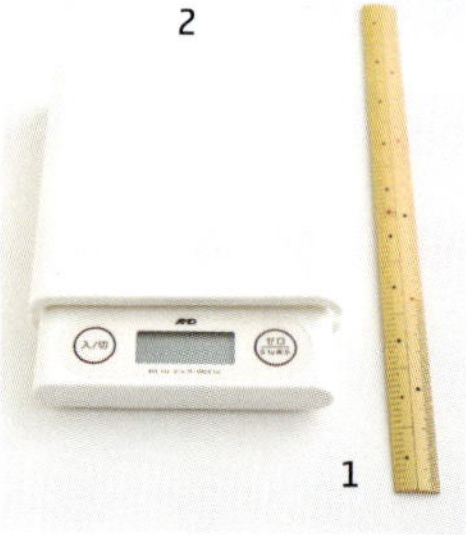

1 定規
のばした生地を、指定の長さに切り分けるときに使います。お菓子作り専用に用意しましょう。

2 はかり
材料や切り分けた生地、あんをはかるために必須です。0.1g単位ではかれる電子スケールがおすすめ。

生地を混ぜる・こねる

1 ボウル
直径20㎝ほどのものを、生地を混ぜたり、あんの水分をとばしたりするときに使用。電子レンジ対応のものが便利。

2 泡立て器
和菓子作りでも生地を混ぜたり、卵を泡立てたりするときに使います。ボウルの大きさに合ったものを準備。

加熱する

1 鍋
生地を練るとき、底が丸い鍋はすみずみまでへらが届くので作業がしやすい。ない場合は普通の雪平鍋でも。手前のアルミ鍋は１００円ショップのもの。

2 蒸し器
四角で上下2段、下鍋が深いものがおすすめ。下段で湯を沸かし、沸騰したら上に鍋をのせるので、蒸気を上げておけるし、長く蒸すこともできます。

こし出す・ふるう

1 きんとんぶるい
きんとんあんをこし出すときに使用。使うときは下にステンレス製のセルクルをセットして。ない場合は、目が粗いざるでこし出してもよい。

2 こし器
生地をこしたり、粉をふるったりするときに使います。また、飾り用にごく細く生地をこし出すときにも便利。

3 茶こし
台や生地に打ち粉をふるときに使うと、薄くまんべんなく広げられます。また、きな粉をふるときにも使用。

細工する

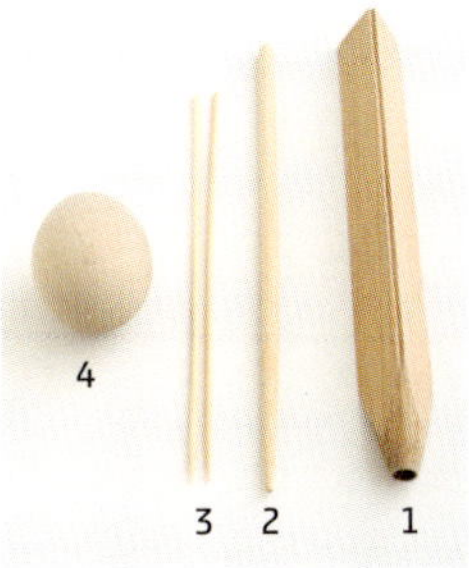

1 三角べら

三角の木製の棒で、練りきりなどに飾り用の筋をつける道具。ユイミコの教室では、木工店で角材を三角に加工してもらっています。市販のものは、先端に花芯《しべ》を作るくぼみがついていて、菊（P.46）などで使用。厚紙で形を作り、アルミホイルを巻いて代用しても。

2 丸棒

丸いほうを菊（P.46）の花びらを描くとき、かぼちゃまんじゅう（P.56）の頭をくぼませるときなどに使用。割りばしなどを丸く削ってもよい。

3 竹串

こし出したきんとんあんを植えつけたり、筋を描いたりと、和菓子作りの細かい作業によく使います。

4 卵型

三色すみれ（P.15）などで中央をくぼませるときに使用。ない場合はゆで卵で。

練る・混ぜる・のばす

1 木べら

生地やあんを練るときなどに使います。

2 ゴムべら

あんを混ぜたり、ボウルや鍋から生地を取り出したりするときに使います。

3 めん棒

生地をのばすときに使用。使いやすいものを準備。

4 金べら

流し缶に流した生地を平らにならしたり、どら焼きを返したりするときに使用。なければフライ返しでもよい。

はらう

はけ

主に生地にふった打ち粉など、余分な粉をはらうときに使用。また、つや出し用の卵黄を塗るときにも使います。使用後はよく洗い、乾燥させておきます。

布類

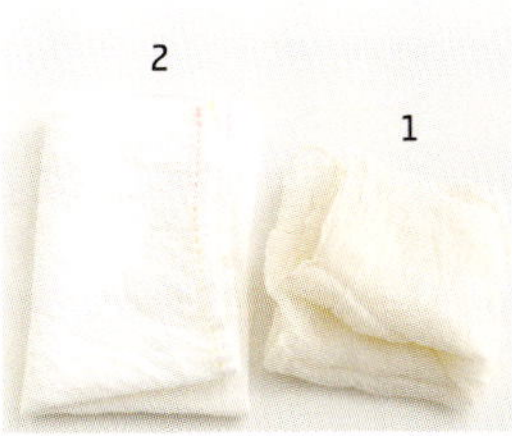

1 絹ぶきん

生地をのばしたり、茶きんにしたりするときに使う目の細かい絹製のふきん。ない場合は薄手のハンカチで代用できます。無印良品の目の細かいハンカチも使いやすい。

2 ふきん

生地を冷ますときに敷いたり、蒸し器に敷いたり、ふたをおおったりとさまざまな場面で使用するので、大きさが違うものを数枚用意しておくと便利。

和菓子作りの主な材料

この本で紹介している和菓子作りに使う、主な材料です。粉類は米からできたものが多く、種類が豊富。富澤商店などの製菓材料店で、手軽に手に入ります。

粉類

上新粉

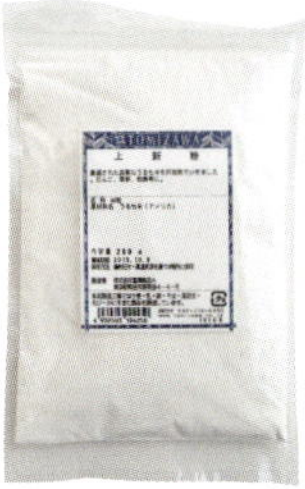

うるち米を水につけて粉砕し、乾燥させたもの。同じうるち米の粉の上用粉よりは粗め。黄身しぐれやういろう生地などに使います。

かるかん粉

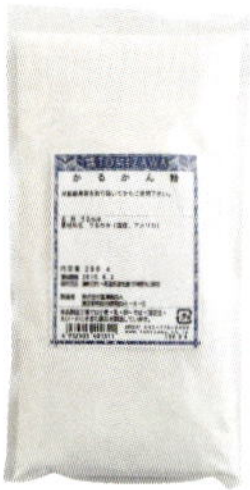

うるち米を水洗いし、半乾きにしたものを粗くひいたもの。大和芋と合わせて、かるかん生地に使用。上新粉よりもさらに粗め。

薄力粉

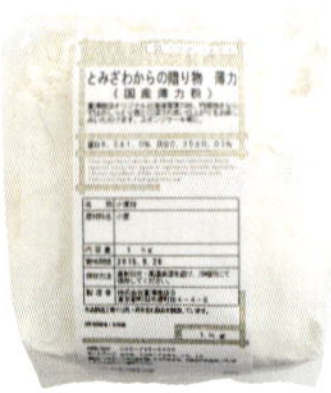

和菓子でも、焼き菓子の焼き芋（P.51）、どら焼き（P.82）などには薄力粉を使用。洋菓子や天ぷらの衣に使うのが薄力粉です。

白玉粉

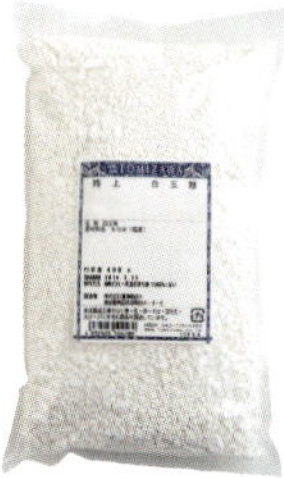

もち米を水につけて水ごとすりつぶし、さらして乾燥させたもの。練りきり生地のつなぎにもなる、ぎゅうひ生地などに使います。

上用粉

じょうよ粉とも呼ばれ、うるち米を洗って乾燥させてからごく細かくひいたもの。大和芋と合わせて、じょうよまんじゅう生地に使います。

上南《じょうなん》粉《こ》

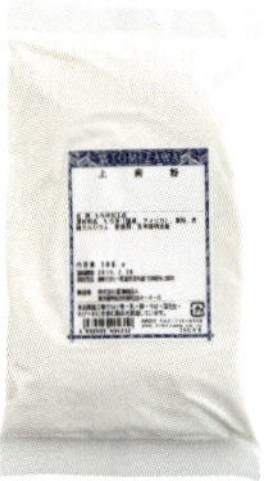

もち米を水洗いして水につけ、蒸して乾燥させてから粉砕し、色がつかないようにいり上げたもの。焼き皮製桜もち（P.23）で使用。

片栗粉

じゃが芋のでんぷんから作られる粉。和菓子作りでは生地を切り分けたりするときに、手粉、打ち粉として使います。

あん

こしあん

主に北海道産のあずきをグラニュー糖と塩で炊き上げ、皮を残さずにこしてなめらかに仕上げたもの。和菓子に合わせた固さに、水分を調整して使います。

白こしあん

主に北海道産の手亡《てぼう》（いんげん豆）、グラニュー糖と塩でなめらかに仕上げたもの。練りきりなどの生地のベースとしても使います。

あずき

大納言《だいなごん》あずき

どら焼き（P.82）のあん、どらあん（P.91）で使うあずき。一般的なあずきより粒が大きく、皮がやや薄く風味も穏やか。水無月（P.40）などで使用した甘納豆も、この豆で作ったもの。

砂糖類

上白糖

和菓子作りで主に使う砂糖。いわゆる普通の砂糖と呼ばれるもので、しっとりソフトで広く使われています。

グラニュー糖

上白糖よりも純度が高い。クセがなく、あっさりした味わいです。

水あめ

でんぷんを分解し糖化して作ったもの。粘りけと保水性があり、少量加えるとつやが出て、生地がしっとりします。

その他

粉寒天

海藻から抽出された寒天を粉末状にしたもの。粉末なので溶けやすく、扱いやすい。きんとんあんや錦玉かん、ようかんなどに幅広く使います。

膨張剤

生地を膨らませるために加えるもので、三色すみれ（P.15）と焼き芋（P.51）ではベーキングパウダーを、どら焼き（P.82）では重曹を使用。

氷もち

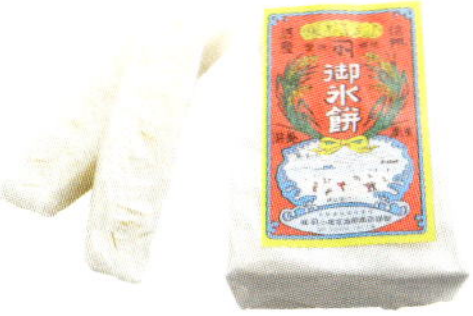

切りもちを凍らせてから乾燥させたもので、聖夜（P.68）のトッピングに使用。棒状のものを好みの大きさにくずして使います。

ユイミコ

小坂歩美、大森慶子の和菓子ユニット。東京製菓学校で出会い、2005年に卒業後はそれぞれ和菓子店に勤務し、経験を積む。2008年に「ユイミコ」としての活動を開始し、季節を感じる和菓子をカジュアルに楽しむワークショップを、東京都内を中心に各地で開催。初心者でも上手に作れる、ていねいな指導で評判に。各種イベントにも出展している。どのワークショップも即満席の人気で、リピーターが後を絶たない。

http://www.yuimico.com/

講談社のお料理BOOK
道具なしで始められる　かわいい和菓子《わがし》

2015年 9 月10日　第1刷発行
2017年 4 月19日　第6刷発行

著　者　ユイミコ

発行者　鈴木 哲
発行所　株式会社 講談社
〒112-8001
東京都文京区音羽2-12-21
電話（編集）03-5395-3527
（販売）03-5395-3606
（業務）03-5395-3615
印刷所　凸版印刷株式会社
製本所　株式会社若林製本工場

定価はカバーに表示してあります。
落丁本・乱丁本は、購入書店名を明記のうえ、小社業務あてにお送りください。送料小社負担にてお取り替えいたします。
なお、この本についてのお問い合わせは、生活文化部第一あてにお願いいたします。

ISBN978-4-06-299647-1

Staff
撮影　三村健二
スタイリング　坂上嘉代
アートディレクション　釜内由紀江（GRiD）
デザイン　清水 桂（GRiD）
構成・編集　相沢ひろみ

撮影協力　UTUWA
材料協力　富澤商店
http://www.tomizawa.co.jp/